ND

inki

ND

Vilnius

WEISS-

RUSSLAND

RUSSLAND

○ Moskau

Belgorod

○ Charkow

○ Kiew

Dnjepr

UKRAINE

MOLDAU

NIEN

| 0 | 150 | 300 km |

Sabine Adler
Russenkind

Sabine Adler

Russenkind

Eine Tochter auf der Suche nach ihrer Mutter

Residenz Verlag

Bildnachweis:
Stadt Dessau, Stadtarchiv: S. 24, 92, 93, 97 (oben und unten), 103, 105
Privat: S. 32, 33, 36, 37, 48, 49, 60, 71, 72, 77, 89, 109, 145, 146, 147, 154, 175, 192,
205, 207
Industrie- und Filmmuseum Wolfen: S. 27, 30, 31, 43, 112
Russ: S. 122, 134, 136

Die Rechtslage bezüglich der reproduzierten Abbildungen wurde – soweit
möglich – sorgfältig geprüft; eventuelle berechtigte Ansprüche werden vom
Verlag in angemessener Weise abgegolten.

Bibliografische Information der Deutschen Bibliothek
Die Deutsche Bibliothek verzeichnet diese Publikation in der Deutschen
Nationalbibliografie; detaillierte bibliografische Daten sind im Internet über
http://dnb.ddb.de abrufbar.

www.residenzverlag.at

© 2007 Residenz Verlag
im Niederösterreichischen Pressehaus
Druck- und Verlagsgesellschaft mbH
St. Pölten – Salzburg

Umschlaggestaltung: Ramona Scheiblauer
Umschlagfoto: Privat
Karten Vor-/Nachsatz: Arbeitsgemeinschaft Kartografie,
St. Georgen am Steinfelde
Lektorat: Afra Margaretha
Typografische Gestaltung, Satz: wolf, www.typic.at
Gesamtherstellung: CPI Moravia Books

ISBN 978-3-7017-3051-3

☆☆☆

»Augen so schwarz, Augen so schön, wie ich dich liebe, ach wie ich dich liebe …« Klawdija scheucht die Melodie wie eine lästige Fliege fort. Sie kommt zurück. Schon gesellt sich die nächste hinzu: »Moskauer Nächte«. Klawdija gibt sich geschlagen, lässt sich schwer auf den Küchenstuhl nieder, greift nach einer verschrumpelten Kartoffel und beginnt mechanisch, sie zu schälen.

Sie schaut flüchtig hinaus. Dämmerung. Keine halbe Stunde mehr und es wird schwarze Nacht sein. Wowa und die Schwiegertochter müssten jeden Augenblick kommen. Dabei will sie lieber ihre Ruhe haben, braucht Zeit.

Wieder das Akkordeon. »Augen so schwarz, Augen so schön …«

Klawdijas fast zahnloser faltiger Mund verzieht sich schmerzlich.

Hätten sie damals doch nur nicht gesungen oder wenigstens leiser. So konnte es jeder hören, in der Nachbarbaracke, in der Wachstube, wahrscheinlich sogar auf der Straße.

Klawdija rechnet: Jetzt müsste sie in den Zug steigen. Nicht mal mehr vierundzwanzig Stunden!

Wie es hier noch aussieht! Wo bleibt denn nur ihr Sohn? Und seine Frau hatte doch versprochen, das Bad zu schrubben. Wie leid sie es ist, um Hilfe zu bitten. Ob sie so lange anstehen müssen auf dem Markt? Hoffentlich erwischen sie gutes Fleisch. Oder vielleicht nehmen sie Fisch. Der ist bei diesem Wetter steinhart gefroren, die beste Garantie, dass er noch nicht verdorben ist. Klawdija reckt sich und versucht, einen Blick nach draußen zu erhaschen. Vergeblich. Die Eisblumen haben die Fensterscheibe mit einem weiteren Vorhang verhängt, wenn sie den Abendhimmel sehen will, muss sie aufstehen von ihrem Stuhl.

Wie wird sie aussehen, wird sie den Vater in ihr entdecken? Klawdija würde am liebsten schreien vor Angst. Aber die Wände sind dünn, was würden die Nachbarn denken. Kämen mit neugierigen Fragen, schickten gar nach dem Notarzt. Um Himmels willen.

Sie lässt das Messer mit der aufgespießten Kartoffel in die Schüssel auf ihrem Schoß sinken.

Sie versteht sich selbst nicht. Ihre Tochter ist am Leben und ihr ist nur nach Greinen zumute? Undankbares Geschöpf. Da sagt sie nun jeden Tag ihr Verslein auf, leise, nur für sich und natürlich für den Herrn. Geht in die Kirche, zündet Kerzen an, zahlt, damit der Priester ihr Töchterchen in sein Gebet einschließt, lauscht, bis sie in seinem Singsang, in dem er Dutzende von Namen herunterleiert, auch ihren ausmacht und verlässt das Gotteshaus wieder um eine

Hoffnung reicher. Und sie hat sich nicht geirrt. ER hat sie erhört.

Warum dann jetzt diese dumme Angst? Das Schlimmste liegt doch schon hinter ihr: Der Familie reinen Wein einschenken zu müssen. Was für Gesichter die machten. Sie konnte darin lesen wie in einem offenen Buch. Das hatte niemand von ihr erwartet. Jetzt wissen alle Bescheid.

Den 24. September 1999 vergisst sie nie mehr. Klawdija stand kurz vor ihrem achtzigsten Geburtstag. Es würde kein rauschendes Fest geben, soviel stand schon vorher fest, denn was gibt es schon zu feiern, wenn man alt wird?

An diesem sonnigen Septembertag, an dem die bunten Blätter wie Goldplättchen an den Pappeln leuchten, klingelt eine Nachbarin, die Klawdija nur flüchtig kennt. Ihr fällt ein, dass die Frau im Stadtarchiv arbeitet, wo sie vor einiger Zeit eine Bescheinigung abgeholt hat, über ihre Zwangsarbeit in Deutschland. Jahrzehnte später soll sie endlich eine Entschädigung dafür bekommen.

Die Nachbarin sieht etwas verstört aus, deshalb bittet Klawdija sie herein.

»Klawdija Matwejewna, bevor Sie Bulawina geheißen haben, waren Sie da eine Steblewa?«

»Ja. Warum?«, antwortet Klawdija und nennt bereitwilliger als sonst ihre Personalien. Sie fühlt, dass irgendetwas in der Luft liegt. »Ich bin eine geborene Romenko, nach meiner ersten Eheschließung hieß ich

Steblewa und dann Bulawina. Das können Sie in Ihren Unterlagen nachlesen.«

»Es geht doch nicht um die Akten! Ja, lesen Sie denn keine Zeitung?«

»Die Zeiten, da wir alle die *Prawda* abonnieren mussten, sind Gott sei Dank vorbei.«

»Klawdija Matwejewna, ich frage Sie: Haben Sie eine Tochter, die Alla heißt?«

Klawdija wird schwarz vor Augen, sie kippt nach hinten an die Wand. So muss es sich anfühlen, wenn einem ein großer Stein auf den Kopf fällt.

»Woher wissen Sie das?«

»Sag ich doch: Aus der Zeitung! Sie ging im Archiv von Hand zu Hand, alle weinten vor Rührung, aber keine der Kolleginnen kannte Sie. Wie auch? Ihre Bescheinigung hab ja ich ausgestellt.«

Klawdija hört nicht mehr zu, sie liest, was die Nachbarin ihr hinhält:

»*Ich hoffe noch immer auf das Wunder*«, lautet die Überschrift.

»*An die Redaktion der* Belgoroder Prawda: *Sehr geehrte Damen und Herren! Ich wende mich an Sie mit einer großen Bitte. Könnten Sie in Ihrer Zeitung einen Artikel veröffentlichen und mir damit helfen, meine Mutter oder Verwandte von mir zu finden? Ich wurde am 18. Dezember 1943 in Burg in der Nähe von Magdeburg (Deutschland) geboren. Im Alter von 12 Jahren erfuhr ich rein zufällig, dass ich nicht die leibliche Tochter meiner Eltern bin, sondern Russin! Meine Mutter heißt*

Klawa Steblewa und wurde am 21. Januar 1919 oder 1921
geboren. Mein Vater heißt Iwan Steblew, ich bekam den
Namen Alla Steblewa.«

Alla lebt? Alla lebt! Ihre Gebete, mindestens drei jeden
Tag, fünfundfünfzig Jahre lang, sind nicht umsonst gewesen! Der entsetzliche Traum, der sie seit Jahrzehnten
heimsucht, hat sie getäuscht.

Darin sieht sie sich stets in einem Park an einem
Springbrunnen sitzen. Eine alte verwilderte Anlage;
das lang gestreckte Betonbecken ist überwuchert von
Seerosen und Entengrütze, die das Wasser grün fär-
ben. Dicke Goldfische ziehen träge ihre Bahnen. Ihre
Tochter, die in dem Traum schon laufen kann, setzt die
Füße in das fast morastige Wasser, watet immer weiter
hinein, macht ein paar Züge, als wolle sie schwimmen.
Sie verschluckt Wasser und hustet. Klawdija erschrickt
und watet dem Mädchen durch das Wasser hinterher.
Das hat inzwischen fast die gegenüberliegende Wand
des Bassins erreicht. Klawdija setzt in dem Wasser, das
ihr bis zum Bauch reicht, die Schritte so vorsichtig wie
möglich. Sie will schnelle Bewegungen vermeiden, damit das Wasser nicht aufgewirbelt wird und sich die
Pflanzen nicht um ihr Mädchen schlingen. Das Kind
ist nun dicht an der Wand, doch statt sich mit den
Händen festzuhalten, schwappt der Körper eigentüm-
lich plump dagegen. Klawdija erreicht ihre Tochter,
hebt sie aus dem Wasser, um sie an sich zu drücken. Sie
dreht sie mit dem Gesicht zu sich und sieht den win-

zigen Kindermund voller Seerosenblätter, als hätte sie sich damit voll gestopft. Die Kleine ist daran erstickt.

Es war also wahr, der Traum hatte nichts zu bedeuten, hatte nur böse Verwirrung stiften wollen!

Aus dem Brief an die Zeitung schließt Klawdija, dass Alla alles in allem ein gutes Leben gehabt haben muss. Denn wenn sie von Eltern schreibt, kann sie nicht im Waisenhaus aufgewachsen sein. Russische Kinderheime sind die Vorstufe zur Hölle, wer sie überlebt, landet meist geradewegs im Gefängnis. Wäre Klawdija in all den Jahren nach ihren drei innigsten Wünschen gefragt worden, hätte sie immer gleich geantwortet: Erstens, dass Alla am Leben wäre, zweitens, dass sie sie noch einmal zu sehen bekäme, dass ihr, drittens, ein Waisenhaus erspart geblieben sein möge. Bloß kein Heim! Dort gab es nichts als Schläge, Hunger, Ungeziefer und Krankheiten. Wärme, Liebe, Geborgenheit, Fürsorge blieben für Waisenkinder Fremdworte.

Zwei Wünsche sind in Erfüllung gegangen. Der dritte Wunsch – in ihrer Reihenfolge der zweite – dass sie Alla noch einmal zu sehen bekäme, macht ihr jetzt Sorgen. Sie hat Angst, dem, was nun auf sie zukommt, nicht gewachsen zu sein.

Klawdija liest den Text erneut. Alla fleht geradezu, ihr zu helfen! Es muss ihr außerordentlich viel daran liegen herauszufinden, wer ihre Mutter ist. Wie merkwürdig, denkt Klawdija: Die für mich banalste Antwort, weil ich sie kenne, stellt für meine Tochter einen bislang unerreichten Schatz dar.

Aber wird Alla gefallen, was sie vorfindet? Die Unruhe macht Klawdija ganz krank. Sie schluckt, streicht müde mit beiden Handflächen über Augen und Wangen und greift schließlich nach ihren Tropfen. Das wievielte Mal heute?

Sie schiebt sich den Würfelzucker mit der braunen Tinktur in die Wangentasche und hält sich an der Schüssel auf ihrem Schoß fest.

Wie gut, dass ihr Mann das nicht mehr erlebt hat. Pjotr aufzuklären hätte sie nicht vermocht. Ihre Beichte kam spät, aber danach war ihr leichter ums Herz.

Sie hatte Wodka und Brot dabei, legte die Scheibe, wie es sich gehört, auf das volle Glas. Erst wusste sie nicht, wie sie beginnen sollte, deshalb ordnete sie die Plastikblumen in der Vase, bückte sich nach dem Laub und fuhr mit den Fingerspitzen über sein Bild auf dem Stein, als wolle sie ihn mit der sanften Berührung vorbereiten. Er wäre stutzig geworden, schließlich hatte sie ihn nie liebkost, höchstens ganz zu Anfang noch, als sie schon nicht mehr Klawdija Steblewa, sondern gerade die junge Frau Bulawina geworden war. Nachdem sie sich endlich etwas beruhigt hatte, setzte sie sich auf das neue kleine Bänkchen vor dem Grab, das ihr Sohn erst vor kurzem geschreinert hatte. Der Zaun hatte einen Anstrich nötig. Sie würde Wowa darum bitten, er ist ein guter Sohn.

Schließlich konnte sie ihre Beichte nicht länger hinauszögern. Sie erklärte Pjotr alles, immer schön der Reihe nach. Legte manchmal eine Pause ein, schaute nach oben, als warte sie auf sein Nicken – habe verstanden – fuhr dann fort.

Sie stellte sich seine Reaktion vor. Wenn er noch lebte, hätte er die Augen zusammengekniffen, die erste Warnung, wenn Wut in ihm aufstieg. Er wäre rot angelaufen, hätte ihr mit der Handkante ins Gesicht geschlagen oder stumm den Gürtel aus den Schlaufen gezogen. Warum hatte das Leben ihr ausgerechnet diesen Grobian aufgebürdet? Gut, dass er jetzt nur noch zuhören konnte. Nein, Pjotr hat sie nun wirklich nicht geliebt. Aber er war ihr Mann gewesen, fünfunddreißig Jahre lang. Jetzt wusste er es, alles. Erledigt.

Sie greift hinter sich, um das Küchenlicht anzuschalten. Ihr Sohn und die Schwiegertochter sollen sie nicht im Dunkeln in der Küche überraschen. Keine Fragen, nicht schon wieder. Sie schaut ins Licht, bis die Strahlen der nackten Glühbirne in ihren Augen schmerzen.

Genauso wie damals, als sie voller Übermut so lange in die gleißende Sonne gesehen hatte, bis flirrende Flecken wie verrückt in ihren Augen kreisten und sie sie geblendet schließen musste. Anton hatte sie gewarnt: Hör auf, wenn du nicht blind werden willst. Er kniete vor ihr im Gegenlicht, sie lag im hohen Gras, das betäubend nach Sommerglut duftete. Die Hitze hatte ihre Glieder weich und biegsam gemacht. Sie wollte ihn umschließen, sich wie ein Maikäfer mit Armen und Beinen an ihn klammern und nie wieder loslassen. Wie Verdurstende konnten sie sich nicht satt trinken aneinander. Wenn Anton dann neben ihr lag, gingen seine Augen auf Wanderschaft, streiften immer wieder ihr Gesicht. Sie fühlte seine Blicke wie Küsse, die reinste Wonne. In diesen Stunden auf der Sommerwiese war sie wunschlos glücklich, denn er war bei ihr: ihr Anton. Dass es ihn gab. Sein rotblondes Haar kitzelte ihr Gesicht, als er seine Hände unter ihren Rücken schob, sie mit lautem Lachen packte, sich blitzschnell drehte und sie auf seinen Bauch rollte. »Klawa«, hauchte er ihr ins Ohr.

Armer Anton. Er war wohl schon seit Ewigkeiten dort, wohin sich auch ihr Mann vor zwanzig Jahren aufgemacht hat. Wahrscheinlich war Anton an der Front gefallen, die sie auf der Wiese von weitem hatten grollen hören. Sie wollte ihn nicht fortlassen, wurde fast irre, weil niemand etwas über ihn wusste. Wie gern hätte sie ihr Leben mit ihm geteilt. Mit ihrem Anton. Bis dass der Tod sie schied. Oder der Krieg.

»Aufsteigen, los, los.«

»Sag ›dawai‹. Das verstehen sie! Dawai, dawai!« Die zwei uniformierten Blonden standen an der Laderampe, jederzeit bereit, mit dem Gewehrkolben zuzuschlagen. Klawdija war noch nicht an der Reihe. Sie beobachtete, wie schmerzhaft die in die Rücken gestoßen wurden, die es nicht schnell genug in die Waggons schafften – ein einziges Geschrei. Von fern bollerten die Geschütze. Ständig wurde ein neuer Frontverlauf durchgegeben, ehe man sich's versah, verlief die Kampflinie schon wieder woanders, als würde jemand die Truppen in einem Kessel ständig neu verrühren. Am Kursker Bogen tobte die größte Panzerschlacht aller Zeiten. Wer nicht fliehen konnte, den ergriffen die Deutschen. Aus den Okkupanten, mit denen sich anfangs auskommen ließ, wurden brutale Schinder. Kinder weinten, weil sie von ihren Müttern getrennt wurden, die Alten standen an der Straße Spalier, verkniffen sich jeden Protest. Wenn einer sein Enkelkind festhielt, schossen die Deutschen ihn einfach nieder. Mit einer Pistole, direkt vor allen anderen. Die Fistelstimmen der Greise verstummten schnell. Alle, die leidlich bei Kräften schienen, hatten vor dem Zug zu warten. Heranwachsende, junge Mädchen, Frauen. Männer zu allererst, aber die waren in der Minderheit, die meisten dienten bei der Roten Armee oder hatten sich den Partisanen angeschlossen.

Klawdija war groß und kräftig. Solche wie sie konnten die Deutschen bestens gebrauchen, wofür auch immer. Klawdija war tüchtig, konnte anpacken und was wegschaffen. Jemand stieß ihr in den Rücken, nicht grob, aber so, dass sie verstand. Sie sollte ein Stück zur Seite gehen, fort von den anderen, hin zu einer jungen, hübschen Frau mit weißem Kopftuch, Russin wie sie.

»Wie heißt du?«

»Klawdija.«

»Ich bin Maria.«

»Was soll der Zug mit den vielen leeren Waggons?«

»Der fährt nach Deutschland. Denen gehen ihre eigenen Männer aus. Sie schicken sie in die ganze Welt zum Kämpfen und bei der Arbeit zu Hause fehlen sie dann.«

Klawdija hakte sich bei Maria unter, klammerte sich regelrecht an sie, die nichts zu erschüttern schien. Obwohl Maria mindestens einen halben Kopf kleiner war.

»Mussja, lass uns zusammenbleiben, ja?«

Klawdija und Maria wurden nicht wie die anderen in die Viehwaggons geprügelt. Immer noch abseits wartend, sahen sie zu, wie Frauen und Männer voneinander getrennt in die Wagen kletterten, deren Böden eine dünne Schicht Stroh bedeckte.

»Iwan! Iwan! Wanja, Waaaanuschka«, Klawdija schrie aus Leibeskräften, denn sie glaubte, nein, sie wusste, dass sie ihren Bruder entdeckt hatte. Aber der Mann drehte sich nicht um, wurde von den Nachdrängenden durch Tür in das Waggoninnere geschoben. Iwan! Warum hatte er sie nicht gehört? Sie verlor ihn aus den Augen. Sie zuckte zusammen, als die eisernen Türen zukrachten, sah dem Zug nach, wie er aus dem Belgoroder Bahnhof rollte, bis sie jemand in unverständlichen Worten aus nächster Nähe anbrüllte und ihr bedeutete mitzukommen. Klawdija und Maria folgten dem Uniformierten. Sie sah Männer in weißen, blutverschmierten Kitteln, Tragen mit verletzten deutschen Soldaten. Ein Arzt befahl ihnen, Verbände anzulegen. Klawdija verstand kein Wort, deshalb schaute sie zunächst zu. Sie versuchte sich genau zu merken, wie der Arzt eine Kopfwunde versorgte. Sie ließ sich zeigen, wie man in Eimern Gips anrührt und gebrochene Knochen geschient werden, wickelte Binden um Arme, Beine und Köpfe, nahm blutige Verbände ab, versuchte, das Wimmern der Männer zu überhören, das sich zu Schreien steigerte, wenn Amputationen vorgenommen wurden. Klawdija und Maria kochten Verbandsmaterial aus, leerten Kübel mit abgetrennten Körperteilen. Als Klawdija das erste Mal hineinblickte, übergab sie sich. Der einzige Gedanke, der ihr half, sich zu fassen, war: Dies ist der Feind. Der Feind, dem sie alles Schlechte wünschte, der ihre Heimat überfallen, ihre Stadt Belgorod wieder und wieder unter Beschuss genommen hatte und nicht zögern würde, sie so lange weiter zu zerstören, bis kein Stein mehr auf dem anderen stand. Der ihr Anton entrissen hatte und nun auch noch den Bruder. Diesen Feind hatten die russischen Toten nicht gekümmert, warum sollte sie dann Mitleid mit amputierten deutschen Körperteilen empfinden? Mitleid wäre Verrat an ihrem Vaterland.

Ihre Schürze, in der sie am Morgen noch die Kuh gemolken hatte, war fleckig vom Blut der Deutschen. Wie viel davon jetzt wohl die russische Erde tränkte? Eine deutsche Krankenschwester warf Klawdija und Maria einen missbilligenden Blick zu, verschwand kurz und kehrte mit hellblauen Kitteln zurück.

Wochenlang wusch und schrubbte Klawdija für die deutschen Besatzer von Belgorod. Wer für sie tätig war, würde verschont, hieß es. Also tat sie, was ihr der Bruder schon früher geraten hatte: Sie arbeitete für die Wehrmacht. Versorgte deren in der Kesselschlacht Verwundete. Der Nachschub riss nie ab.

Doch von einem Tag auf den anderen hatten die Deutschen es plötzlich eilig fortzukommen. Ein für alle, besonders aber für die Deutschen, ungewohnt strenger Winter hatte begonnen.

Wie hatte Klawdija nur so begriffsstutzig sein können? Sie hatte nicht kapiert, was es bedeutete, dass sie die Kranken für den Transport vorbereiteten. Nun war es für Klawdija bereits zu spät. Zu spät, davonzulaufen, sich unsichtbar zu machen. Einfach nicht mehr zur Arbeit zu erscheinen, wegzubleiben.

Klawdija und Maria mussten auf einen LKW klettern. Sie hockten auf der Ladefläche, Maria neben ihr nahm ihr Kopftuch ab, ordnete ihre dicken, langen Zöpfe. Bevor sie das Tuch wieder umband, wischte sie Klawdija mit einem Zipfel die Tränen ab. Dann kramte sie in ihrer Rocktasche unter der Schürze. Zum Vorschein kam ein abgegriffenes Heftchen. Sie überflog die Seiten und trennte schließlich eine heraus.

»Hier. Nimm. Lies es, wann immer du kannst.«

»Was ist das?«

»Ein Gebet. Am besten, du lernst es auswendig. Für den Fall, dass du es verlierst. Glaub mir, es hilft.«

Klawdija hielt die Seite in das Dämmerlicht. Erschrocken riss Maria ihr den Arm herunter. »Denkst du, ich hab das Heft vor den KGBschniki gerettet, damit du es jetzt rumzeigst?«

Klawdija senkte den Kopf. Sie wusste, dass es die Kommunisten nicht gern sahen, wenn die Menschen beteten. Sie taten es trotzdem, zu Hause, heimlich. In die Kirchen wagten sie sich nicht mehr, die meisten waren ohnehin inzwischen zu Lagerhallen umfunktioniert worden.

Wieso war Maria so vorsichtig? Hier auf diesem LKW voller verwundeter deutscher Soldaten gab es doch keine sowjetischen Geheimdienstspitzel! Klawdija faltete die Seite zusammen, behutsam schob sie ihren Arm unter Marias, um sich wieder bei ihr einzuhaken.

Wochenlang waren sie unterwegs, stets in Richtung Westen, jeder Tag entfernte sie weiter von ihrer Heimat. Ein eisiger Wind fegte über die von den Panzerketten zernarbten Felder. Auf ihrem Weg sammelten sie verletzte Soldaten ein, die die vorrückende Front zurückgelassen hatte. Erbärmliche Gestalten in niedergebrannten Dörfern, deren Straßen von Leichen gesäumt waren. Winkend wie Schiffbrüchige machten sie von den Straßengräben aus auf sich aufmerksam, mitunter nur eine Armlänge von entkleideten Leichen entfernt. Nicht selten hingen brettsteif gefrorene Tote aufgeknüpft in den Bäumen. Schilder um den Hals verkündeten, warum sie über den Tod hinaus so schändlich zur Schau gestellt wurden: »Ich war ein Partisan.«

Von den Einheimischen, den Ukrainern, später den Polen, keine Spur. Wenn überhaupt noch welche da waren, so vermieden sie es sorgfältig, den Deutschen unter die Augen zu treten. Auch wenn dies nur ein Lazarettzug war, so war er doch gut gesichert, gewappnet gegen mögliche Überfälle.

Maria, die ein wenig Deutsch sprach, übersetzte für Klawdija, die mit der Zeit ebenfalls mehr und mehr verstand. Sie lernten, die Deutschen auseinander zu halten, Personal wie auch Verwundete. Manche hatten ihnen ihre Namen gesagt. Voller Dankbarkeit reagierten die von Schmerzen ausgelaugten jungen Männer auf jedes noch so leise Mitgefühl, froh, dass sich jemand ihrer annahm, selig, wenn Frauenhände sie sanft berührten.

Dr. Grunemann, der den Lazarettzug führte, machte seine Scherze mit den beiden russischen Helferinnen. Er hatte ein paar Brocken Russisch gelernt und lachte schallend, wenn sie über seine Fehler kicherten. Niemandem blieb verborgen, wie er den Frauen hinterher sah, gleichgültig, ob Deutsche oder Russinnen, ein ausgemachter Schürzenjäger, charmant noch dazu. Nicht jede konnte oder wollte sich seiner erwehren.

Klawdija zerriss es das Herz. Statt ihren Anton in den Armen halten zu können, musste sie diese deutschen Soldaten pflegen, die bei der ersten Gelegenheit

ihren Geliebten mit ihren Maschinengewehren nieder-
gemäht hätten.

Sich den grabschenden Griffen der Verwundeten
zu entziehen, war für Klawdija keine Kunst, waren sie
doch an ihre Pritschen gebunden. Wenn sie ihnen auf
die Finger schlug, grinsten sie hämisch. »Nicht chara-
scho?« Nein, überhaupt nicht gut.

Bei Grunemann, dem Vorgesetzten, war es be-
deutend schwieriger. Ständig suchte er ihre Nähe,
schlüpften, ehe sie sich's versah, seine Finger unter ihre
Wäsche. Mal bohrten sie sich grob in ihr Fleisch, mal
schmeichelten sie sich ein. Unvermittelt tauchte er hinter ihr auf, knabberte an ihrem Nacken und umklammerte sie mit beiden Armen, wenn sie davonlaufen
wollte.

Es dauerte Wochen, bis der Lazarettzug im Frühjahr
1943 endlich Deutschland erreichte. Als die Kranken
auf den Tragen vor der Klinik abgeladen waren, wurden Klawdija und Maria zu einem Bahnhof gefahren.
Sie kletterten in einen Viehwaggon, der schon voll besetzt war. Landsleute!

Nach einigen Tagen, in denen der Zug mehr stand
als rollte, war die Fahrt durch eine fremde, flache
Landschaft über etliche Flüsse hinweg zu Ende. Sie
mussten aussteigen und sich in einer Lagerhalle versammeln. Als das Tor hinter den Gefangenen zuschlug,
vernahm Klawdija ein Flüstern: »Herr im Himmel, sie
werden die Scheune in Brand setzen! Herr, mach, dass
das nicht geschieht. Herr, rette uns!« Klawdija wandte

sich um. Allmählich hatte sie sich an die Dunkelheit gewöhnt und schaute nun der flehenden Frau direkt in die Augen.

»Wo sind wir hier?«

»In Deutschland.«

»Aber wo genau, der Ort?«

»Wolfen.«

»Was geschieht mit uns?«

»Sie werden die Halle anzünden und uns alle töten.«

Eine Stimme zischte. »Sei still! Du redest das Unglück noch herbei! Sie haben uns doch nicht den weiten Weg hergeholt, um uns hier zu töten, das hätten sie früher tun können! Arbeiten werden wir müssen. Es heißt, dass es hier eine riesige Kriegsfabrik gibt.«

»Sie stecken uns in Lager«, schaltete sich die Nächste ein.

Klawdija erschrak. Lager kannte sie von zu Hause. Freilich nur vom Hörensagen, niemand hätte gewagt, laut über sie zu sprechen. Ins Lager kamen Häftlinge, gewöhnliche, vor allem aber politische, die man morgens in aller Frühe aus ihren Wohnungen holte. Das waren Volksfeinde, deren Strafen bei zehn Jahren anfingen. Meist saßen sie aber sehr viel länger. Sie fragte Maria: »GULags wie bei uns?«

Die Frau antwortete anstelle von Maria: »Schlimmer. Es soll Lager geben, da werden die Menschen sofort umgebracht, in Öfen gesteckt.«

Die Ungewissheit dauerte mehrere Tage an. Die

Frauen durften die Halle nicht verlassen, obwohl sie so eng war, dass nicht alle zugleich Platz zum Schlafen fanden.

Als endlich das Tor der Halle aufgestoßen wurde, mussten sie auf dem Hof Aufstellung nehmen zu einem Zählappell. Maria und Klawdija trugen noch immer ihre Lazarettkittel.

Anreisende Zwangsarbeiter aus dem Osten 1943 in Dessau.

Etwa ein Drittel der Frauen musste in Zweierreihen durch das Hoftor hinaus auf die Landstraße marschieren, begleitet von Wachhunden, die an den Leinen der Aufseher zerrten. Doch auch ihr Gekläffe vermochte die zerlumpte Kolonne nicht anzutreiben. Nicht einmal Hiebe und Tritte der Wachleute richteten etwas aus. Bei den Zwangsarbeitern, entkräftet und hungrig, in schlechtem oder auch ganz ohne Schuhwerk, ließ sich das Tempo kaum erhöhen.

Bevor das Hoftor geschlossen wurde, bemerkte Klawdija zwei hohe Schornsteine, die aus einem Fabrikgelände ragten.

Klawdija und Maria gingen mit dem zweiten Trupp. Lange Zeit trotteten sie einen Zaun entlang, der ein ausgedehntes Werksgelände umschloss. Jenseits der Plankenmauer erstreckten sich Felder in einer tellerflachen Landschaft.

Ihr Zug bewegte sich an zwei gedrungenen Türmen vorbei, aus denen plustrige schneeweiße Wasserdampfwolken quollen. Ein Lager kam in Sicht. Hunderte von Metern lange, schnurgerade Reihen dunkelbrauner Baracken. Bis auf die Wachen war kein Mensch zu sehen.

»Wahrscheinlich alle in der Fabrik«, flüsterte Maria Klawdija zu.

Beim Anblick des Stacheldrahts packte Klawdija Angst. Als sich die Frauen nach dem Appell in einer Baracke vollständig zu entkleiden hatten, weinten viele, denn für sie stand fest, dass dies das Ende bedeutete.

Zwei stämmige uniformierte Frauen tunkten an langen Stangen hängende Lappen in einen Kübel. Die dickere von beiden wies die Nackten an, sich in Zweierreihen anzustellen. Kurz vor dem Kübel wurde den Frauen befohlen, einzeln heranzutreten. Die beiden

Uniformierten klatschten jeder den triefenden Lappen über den Kopf, auf Brust und Rücken, zwischen die Beine. Dann hieß es wegtreten und der Nächsten Platz machen, »dawai, dawai«. Die nassen Frauen warteten, bis auch die Letzte »desinfiziert« worden war. Erst dann durften sie in dem angrenzenden Raum die Kleider anziehen, die an Haken in einer langen Reihe für sie bereit hingen.

Ihre Unterkunft unterschied sich in nichts von jenen, an denen sie vorbeimarschiert waren. Stockbetten, ein endlos langer Tisch in der Mitte, davor Schemel. Der Gang war eng, doch die dicke Deutsche scheuchte jene, die sich zu setzen gewagt hatten, um andere durchzulassen, mit Fußtritten und Gebrüll hoch. Wieder mussten sie antreten.

Zwölf Stunden Tagschicht wechselten sich mit zwölf Stunden Nachtschicht ab. Die Arbeit war nicht schwer, aber eintönig. Klawdija und Maria wurden an eine Zellstoffpresse eingeteilt, in der mannshohe Ballen zusammengedrückt und verschnürt wurden. Die großen Pakete bekam eine Person kaum zu fassen. Sie legten Stahlbänder um die Ballen, hüllten sie in Sackleinen und beschrifteten sie mit Hilfe von Schablonen. Einzig der Blick auf den Holzplatz bot Abwechslung. Wenn das große Blechtor ihrer Halle offen stand, konnten sie die Männer sehen, Zwangsarbeiter wie sie, ebenfalls aus Russland. Sie entluden die Züge, stapelten das verdrahtete Meterholz zu akkuraten Reihen. Andere öffneten die Bündel, schabten die Rinde von den Stämmen, die sie in eine breite Rinne warfen. Darin wurde das Holz bis zur Häckselanlage gespült.

Holzplatz der Filmfabrik der IG-Farben, auf dem die Zwangsarbeiter die täglich eintreffenden, mit Holz beladenen Waggons entleeren mussten.

Einmal schaffte es ein junger Mann, der wie ihr Bruder Iwan hieß, zu ihnen in die Halle. »Privjet!«, »Grüß dich!« Klawdija erfuhr von Iwan, dass in dieser Fabrik nicht nur Russen arbeiteten. Auch Polen waren hier. Und Fachkräfte aus vielen anderen Ländern, aus Belgien, Frankreich, Dänemark, Holland, der Slowakei. Fast die Hälfte der Beschäftigten. »Es heißt, dass sie anfangs freiwillig hierher gekommen sind, zum Geld verdienen. Aber jetzt sind die allermeisten Kriegsgefangene. Hast du die KZ-Häftlinge gesehen? Über vierhundert Frauen aus Ravensbrück.«

Iwan bemerkte Klawdijas Befürchtungen. »Sie bringen uns nicht um. Wir werden hier gebraucht, weil ihre Männer an der Front sind und die deutschen Frauen alle nacheinander kündigen.«

»Was wird hier überhaupt hergestellt? Warum brauchen sie so viele Leute?«

»Das hier ist die IG-Farben. Eine berühmte Fabrik, weil sie hier als Erste herausgefunden haben, wie man Farbfilme produziert. Aber sie machen noch viel mehr. Künstliche Seide für Fallschirme, die wird aus Holz hergestellt. Das beginnt hier, wo wir sind. Sogar die Brillengläser für Gasmasken sollen von hier stammen. Verstehst du: Wir unterstützen ihren Krieg!« Auf ihre Frage, ob sie jemals ihre Heimat wiedersehen würden, wusste Iwan keine Antwort. Ganz unvermittelt verschwand er zwischen den Zellstoffballen. In den nächsten Schichten hielt Klawdija stets Ausschau nach ihm, manchmal wartete sie umsonst.

Als wären die Zwölf-Stunden-Einsätze nicht genug, wurden die Frauen zu den unmöglichsten Zeiten geweckt. Für die Tagschicht hatten sie zwischen drei und vier Uhr nachts aufzustehen. Nach stundenlangen Zählappellen auf dem Barackenhof schleppten sie sich zu den Arbeitsplätzen. Wer stehen konnte, galt als einsatzfähig.

Nach der Schicht kroch die todmüde Klawdija nur noch auf ihre Pritsche, den Kampf um einen Tropfen

Waschwasser hatte sie längst aufgegeben: fünf Wasserhähne für rund hundert Personen in der Baracke – zu mühsam. Eines Abends brüllte eine große hagere Aufseherin »Ruhe!« mitten in den Gesang der Frauen hinein. Klawdija hielt inne und richtete sich auf. Meist hatten die Wachen nichts dagegen, wenn die Russen ihre Lieder sangen. Sie rief Maria, Klawdija und noch eine dritte Frau zu sich. »Dawai, dawai!« Entsetzen stand den Dreien in den Gesichtern. Was hatte das zu bedeuten? Jede Extrabehandlung konnte nur Unheil mit sich bringen, unsichtbar zu bleiben und nicht aufzufallen in der Gemeinschaft war immer noch der beste Schutz.

Die drei wurden zu einem Wachhaus geführt, vor dem ein Pferdewagen wartete. Ein Kopfnicken der Wärter gab ihnen zu verstehen, dass sie aufsteigen sollten. Niemand machte sich die Mühe zu erklären, wohin die Reise ging, was sie erwartete. Die Pferde setzten sich in Bewegung, der Schlag ihrer Hufe hallte in die dunkle Nacht. Sie trabten an den Baracken vorbei, dann in eine Siedlung hinein. Das musste Wolfen sein. Im Ort brannte kein einziges Licht. Der Kutscher kannte den Weg offenbar im Schlaf, die Funzel auf dem Bock gab viel zu wenig Licht, als dass er sich hätte orientieren können. Sie kamen an Feldern und Wiesen vorbei, das Gespann rumpelte über mehrere Brücken und hielt schließlich vor einem großen Backsteinbau.

Im Eingang auf der obersten Treppenstufe stand eine blonde Frau mittleren Alters, neben ihr ein hoch

Das Kraftwerk der Agfa Filmfabrik Wolfen mit Rednertribüne, Hakenkreuzflaggen und Maibaum

gewachsener Mann in Uniform. Dr. Grunemann aus
dem Lazarettzug! Dann erschien Dr. Weber, ein be-
leibter älterer Herr, dem das Gehen sichtlich Mühe bereitete. Dr. Grunemann zeigte auf die Russinnen und
stellte den Webers Klawdija und Maria vor, als wären
sie gute Bekannte. Klawdija musste absteigen.

Martha Weber war die Schönheit ihrer Jugend noch
immer anzusehen. Leicht berührte sie Klawdija an der
Schulter und führte sie ins Haus bis unters Dach, wo
sie der jungen Frau ihre Kammer zeigte, in der ein Bett
und ein Stuhl standen. Von nun an war Klawdija Klara,
Hausmädchen in einem deutschen Arzthaushalt.

Morgens erst um halb sechs aufzustehen, kam ihr anfangs vor wie Ausschlafen. Das Beste aber war das Essen. Schluss mit der fauligen Kohl- oder Steckrüben-

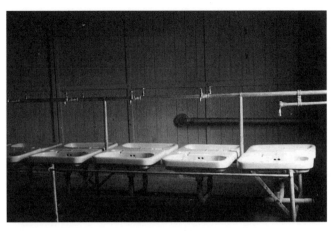

Waschraum im Barackenlager für Zwangsarbeiter in der IG-Farben

suppe. Klawdija bekam, was sie auch ihrer Herrschaft ins Speisezimmer servierte, keine Abfälle.

Dem Leben im Arbeitslager trauerte sie nicht nach, auch nicht der Enge in der stickigen Baracke, den übel riechenden Strohsäcken mit den Wanzen als Untermietern. Aber je mehr sie zu Kräften kam, desto einsamer fühlte sie sich. Sie vermisste die gemeinsamen Lieder, Maria und Iwan, dem sie nicht einmal mehr Lebwohl hatte sagen können. Ob sie ihn je wiedersehen würde?

Mit den Deutschen konnte sie kaum reden, da ganz andere Worte benötigt wurden als im Lazarettzug. Dr. Weber empfing zwar Patienten im Sprechzimmer seiner Villa, doch Klawdija wurde im Haushalt, nicht als Arzthelferin gebraucht. Einmal verzweifelte Frau Weber fast. Wieder und wieder zeigte sie auf Küchengeräte und erklärte etwas, aber Klawdija verstand nicht, worum sie gebeten wurde. Da schickte die Hausherrin ihre Tochter Eva los, die zur Freude von Klawdija mit Maria zurückkehrte! Maria übersetzte und durfte mit Klawdija ein paar Worte wechseln. Sie berichtete, dass Grunemanns und Webers miteinander verwandt seien. Grunemann, bei dem sie selbst arbeitete, war im zivilen Leben Allgemeinmediziner wie Dr. Weber. Der hatte schon im Ersten Weltkrieg sein Bein verloren. Der dritte Mediziner in der Familie war ein Zahnarzt.

Von Zeit zu Zeit erlaubte Klawdijas Herrschaft kurze Treffen mit Maria, meist dann, wenn sich die Familien ohnehin gegenseitig besuchten. In Jeßnitz waren die Wege nicht weit, von der Raguhner zur Hauptstraße, wo die Grunemanns wohnten, nur ein Katzensprung.

Wenn Dr. Grunemann die beiden Russinnen traf, neckte er sie mit seinen Scherzen, hin und wieder

Die Raguhner Straße in Jeßnitz

steckte er Klawdija sogar Geld zu, nicht ohne sich als Gegenleistung ein paar Handgreiflichkeiten zu erlauben. Seine Blicke machten sie stets verlegen, meist schlug sie die Augen nieder und errötete. Das schien ihn erst richtig anzufeuern.

Mitunter durften die jungen Frauen sonntags zusammen spazieren gehen und Webers erlaubten Klawdija einmal sogar, sich mit Maria im Fotoladen auf der Jeßnitzer Geschäftsstraße porträtieren zu lassen. Was hatten sie an jenem Nachmittag gekichert! Mascha wusste immer neue Anekdoten von Grunemann zu erzählen.

Der Doktor soll einmal in ein Nachbardorf zum Hausbesuch gerufen worden sein. Er war früher angekommen, als von der Familie erwartet. Noch während der Hausherr öffnete, schuf die Frau Ordnung. Eilig

Die Villa der Arztfamilie Weber

schob sie den Nachttopf in das Backrohr und schlug lauter als beabsichtigt die Ofenklappe zu. Grunemann hatte alles gesehen: »Na, kochst du 'nen Haufen Scheiße?« Die Hausfrau soll mit hochrotem Kopf aus der Küche gestolpert sein, während sich Grunemann ausschüttete vor Lachen.

Von Maria erfuhr Klawdija, dass der Lazarettarzt wieder zurück an die Front geschickt wurde. Das hieß, dass er nach Osten fuhr! Klawdija schlich in sein Haus und flehte Grunemann an, sie mitzunehmen. Vergebens.

Weiter schleppte sie eimerweise die Briketts aus dem Kohlenkeller, heizte die zwölf Kachelöfen der Villa, putzte Gemüse, wusch ab.

Klawdija lebte nur für die Sonntagnachmittage, war fleißig und gehorsam, nur damit ihr die Webers die Treffen mit ihren Landsleuten erlaubten. In einer Scheune kamen sämtliche russische Zwangsarbeiter der Umgebung zusammen. Einer spielte wie der Teufel Mundharmonika, sie sangen dazu und tanzten, Selbstgebrannter machte die Runde und als Klawdija das erste Mal Iwan entdeckte, hüpfte ihr Herz. Sein Atem ging schwer, als er sie hinter die Scheune zog. Wie schon zwischen den Zellstoffballen in der Fabrikhalle schmiegte sie sich auch jetzt wieder an seinen heißen festen Körper, eine Nähe, die Geborgenheit und Schutz versprach, dazu der warme Klang der russischen Worte, von denen sie sich nur zu bereitwillig einlullen ließ. Klawdija dachte nur noch von Sonntag zu Sonntag. Sie fieberte den unbeschwerten Stunden entgegen, die ihr erlaubten, den Krieg zu vergessen. In denen sie sich jung und begehrenswert fühlte und beinahe zu Hause. Wie alle wollte sie den Augenblick genießen. Wer wusste schon, was der nächste Morgen bringen würde? Vielleicht waren sie dann schon tot?

Wie eine Strafe für ihre Sorglosigkeit der letzten Wochen empfand Klawdija die völlig unerwartet einsetzenden Schmerzen. Sturzbachartig schoss ihr das Blut aus dem Unterleib, das erste Mal seit einigen Monaten. In wehenartigen Wellen verließ es ihren Körper und jeder neue Krampf hatte trotz der Qualen, die er Klawdija bereitete, auch eine beruhigende Wirkung: Sie würde Iwan nichts erklären müssen.

Klawdija arbeitete umsichtig und verlässlich, sodass die Hausherrin ihr schon bald auftrug, auch die wertvollen Möbel im Esszimmer, im Salon der Hausherrin und selbst im Heiligtum, in Dr. Webers Arbeitszimmer, zu polieren.

Zweimal pro Woche kam eine Waschfrau ins Haus, mit der sie den Bergen von Kitteln, Laken und Bezügen aus der Praxis zu Leibe rückte.

Sie versorgte auch die Hühner, aber für die Pferde Max und Lotte war Kutscher Püschel zuständig. Wenn der wilde Max jedoch ausbüchste, half sie Püschel, ihn einzufangen, wobei beide hofften, dass Dr. Weber nicht gerade in diesem Moment zu einem Hausbesuch gerufen wurde. Er hätte getobt.

Als Bauernmädchen mochte Klawdija vor allem die Arbeit an der frischen Luft in den Gemüsebeeten. Der Garten lag hinter der gelben Backsteinmauer, die die Villa umgab, und war leicht verwildert, als gehöre er

Das Esszimmer der Webers

zur Landschaft. Von der Terrasse im zweiten Stock sah er besonders schön aus, denn er schien ganz harmonisch in die weite Flussaue überzugehen. Wenn sie im Garten Unkraut jätete, umgrub oder Kartoffeln rodete, gingen ihre Gedanken auf Wanderschaft. Zu Anton, der noch immer ihr Herz besaß, nach Belgorod, zu ihrer Mutter, ihrer Familie. Leise, mehr in Gedanken als hörbar, ganz allein für sich, summte sie die russischen Lieder. »Augen so schwarz, Augen so schön …« Irgendwo ganz in der Nähe pfiff jemand mit! Genau diese Melodie. In ihrem Tempo. Erschrocken fuhr sie herum. Zuerst fiel ihr Dr. Grunemann ein. Der liebte dieses Lied. Aber der war doch fort, wieder in Russland! Als sie die ersten im Flüsterton gesungenen russischen Worte hörte, erkannte sie ihren Bruder Iwan. Von einem geschützten Mauerwinkel aus wartete er verschmitzt auf ihre Reaktion. Sie stürzte auf ihn zu und zog ihn in den Hühnerstall.

»Wanja, oh Gott segne dich, Wanja!« Sie überhäufte sein Gesicht mit Küssen, links, rechts und wieder links, rechts.

»Gut jetzt.« Iwan griff die Hände der Schwester und hielt sie fest.

Mit dem Pferdeschlitten zum Hausbesuch

»Wie hast du mich gefunden?«

»Dein Iwan hat es mir erzählt. Du weißt doch, er kennt jeden. Kann ich hier bleiben?«

»Für länger?«

»Nur bis die anderen mich eingeholt haben.«

»Du bist auf der Flucht?«

»Sie haben sechs im Lager ›Marie‹ gehängt. Alle mussten zuschauen.«

»Iwan hatte doch gesagt, sie bringen uns nicht um!«

»Es war eine Strafaktion.«

Der Bruder trug noch den Aufnäher »OST« an seiner graublauen Arbeitskleidung. Wenn Klawdija das Haus verließ, bestand auch Frau Weber darauf, dass sie die Jacke mit dem Aufnäher überzog, denn Zwangsarbeiter mussten sich zu erkennen geben, die Webers wollten nichts riskieren.

Iwans Kopf glich einem Totenschädel, die Haut spannte über den Jochbeinen, die Wangen waren eingefallen. Unter den Haarstoppeln schimmerten Narben hervor, sein Gesicht war mit Ekzemen bedeckt. Iwan spürten ihre Blicke. Er lachte verlegen und schob einen Ärmel hoch: »Hier, such dir aus, was du willst: Wanzen oder doch lieber Läuse? Die Kakerlaken wollten leider nicht mit.«

»Klaaaraaa, Klaaraa!« Die Stimme vom Hof her klang gereizt.

Klawdija sprang auf. »Frau Weber. Rühr dich nicht, sonst jagen sie dich hungrig davon.«

Als sie wiederkam, zog sie unter ihrer Schürze gekochte Kartoffeln, Brot, ein großes Stück Wurst und Butter hervor – alles eingeschlagen in ein Küchentuch.

Ihr Bruder machte sich über die Köstlichkeiten her.

Mit seinen Freunden hatte er Sabotageakte verübt. Er berichtete von einem Coup, der einer Polin gemeinsam mit einer deutschen Strafarbeiterin gelungen war: Sie hatten mit einem Kurzschluss für viele Stunden die gesamte Stromversorgung der IG-Farben lahm gelegt. Iwan schilderte die Strafexekution, zu der alle im Barackenlager gerufen wurden. Abends um 18 Uhr mussten sie zusehen, wie sechs Personen, die angeblich eine Widerstandsgruppe gebildet hatten, hingerichtet wurden. »Die Russin legte sich den Strick selbst um den Hals und schrie den Wachen ins Gesicht: ›Es lebe Moskau, es lebe die Kommunistische Partei und der Frieden!‹«

»Bist du jetzt Kommunist geworden?«

»Das nicht. Aber dass sie hoch erhobenen Hauptes in den Tod ging, wo sie doch gerade mal neunzehn war. Das schafft nicht jeder.«

Viele Ausländer hatten sich dem Widerstand angeschlossen. »Lentamente« lautete die Devise der Italiener, die demonstrativ langsam arbeiteten. Wie die Slowaken waren sie zunächst freiwillig nach Deutschland gekommen. Wenn sie jetzt auf Urlaub in ihre Heimat fuhren, kehrte kaum noch einer zurück. Auf den Teil ihres Lohnes, den die Deutschen als Pfand einbehielten, um sie zur Weiterarbeit zu bewegen, verzichteten sie.

Iwan grinste. »Wir haben uns auch Urlaub genommen, für immer.« Ihre Sabotageakte hatten bereits beträchtliche Schäden angerichtet, am meisten aber gefiel ihm ein Streich auf dem Holzplatz. Auf einen Eisenbahnwaggon der Reichsbahn hatten sie Hammer und Sichel gemalt.

Klawdija machte sich Sorgen um den Bruder. »Sie suchen dich doch bestimmt!«

»Davon kannst du ausgehen. Aber fast alle machen jetzt mit. Die Holländer, die Belgier, die Bulgaren, die Kroaten, die Polen sowieso, Spanier, Ungarn. Allen geht es inzwischen schlecht. Ich habe einen Belgier gesehen, dem fast der Arm abgestorben war. Irgendeine Entzündung, und trotzdem hat ihn der Arzt zurückgeschickt in die Werkhalle. Ist deiner hier auch so ein Ungetüm?«

»Ich glaube, er ist ein guter Mensch.«

»Ein Deutscher und ein guter Mensch?« Iwan schnaubte verächtlich. »Sogar ihre eigenen Leute stecken sie in Lager. Zur Erziehung. Wenn sie nicht pünktlich zur Arbeit erscheinen oder ganz fehlen. Auch von uns sind welche nach Sperkau geschickt worden.«

Klawdija begriff nicht, wovon er sprach.

»Das Erziehungslager! Man will ihnen dort beibringen, wie man anständig arbeitet. Zurückgekommen sind sie halb tot. Jetzt erziehen sie uns lieber selbst, schließlich brauchen sie uns noch. Am schlimmsten geht es den KZ-Frauen aus Ravensbrück. Auf die nehmen sie keine Rücksicht. Ich habe gesehen, wie manche umgefallen sind. Vor Hunger oder Erschöpfung. Niemand hat sich um sie gekümmert. Über drei Stunden haben sie eine Frau in der Eiseskälte am Boden liegen lassen. Den Wachhunden geht es besser! Und hast du unsere Kinder gesehen? Selbst Vierzehnjährige haben sie hierher verschleppt. Sie bekommen anscheinend noch weniger zu essen als wir, bei ihren Rationen fällt ihnen nämlich ein, dass sie noch Kinder sind. Beim Arbeiten denkt keiner daran.«

Iwan erzählte, dass die gesamte Region von Arbeitslagern übersät war. Tausende schufteten in den Fabriken der IG-Farben oder der IG-Chemie und in den Dessauer Junkerswerken.

Für die Westeuropäer waren die Bedingungen nicht gut, aber erträglicher. Sie durften sich in einem bestimmten Umkreis frei bewegen, bekamen Geld ausgezahlt, hatten Läden, in denen sie zusätzliche Lebensmittel kaufen konnten. Weil die Arbeiterunterkünfte nicht reichten, waren einige in den Tanzsälen der Dörfer untergebracht.

Wenn Iwan in Wolfen war, wer mochte sich dann wohl noch von ihrer Familie, ihren Freunden aus Belgorod hier aufhalten?

Wenige Tage später war der Bruder fort. Klawdija hatte für ihn so viel Essen abgezweigt, wie sie konnte.

Klawdija rief sich wieder und wieder Iwans Worte in Erinnerung. Sie verstand, was ihr erspart geblieben war. Die Webers behandelten sie anständig. Keine Schikanen, keine Schläge, nicht einmal ein lautes Wort.

Bis Klawdija die Veränderungen in ihrem Körper spürte. Ihr Bauch wurde runder. Sie wusste, dass das nicht mit der verbesserten Verpflegung zu erklären war. Ihre Brüste spannten. Doch wie war das möglich: Sie hatte doch das viele Blut verloren? Frau Weber, die schon mehrfach Klawdijas Schwindelanfälle beobachtet hatte, ertappte sie eines Tages, als sie sich übergeben musste. Klawdija war ständig übel. Sie konnte den Geruch von Waschpulver nicht mehr ertragen. In ihrem Gesicht sprossen Pickel, ihr Haar wurde fettig. Wieder und wieder schaute Frau Weber Klawdija misstrauisch an und strich ihr dann eines Tages mit einer energischen Geste das Kleid glatt über den Bauch. Klawdija wurde ins Sprechzimmer zitiert. Auch Dr. Weber fuhr ihr nur einmal über den Leib und nickte. Man schickte nach Maria, die übersetzen sollte. Klawdija wurde mitgeteilt, dass sich ihre Herrschaft schwer hintergangen fühle. Klawdija sei bereits im vierten Monat, hätte demnach bereits bei ihrer Ankunft verheimlicht, schwanger zu sein – eine böse Täuschung. Da aber Krieg herrsche, würde man sie nicht fortschicken. Bis zur Entbindung könne sie bleiben, dann würde man weiter sehen.

Die Webers schimpften mit Klawdija, als hätten sie ihre minderjährige Tochter vor sich: Wer der Vater sei?

Titelblatt der IG-Farben-Werkszeitung mit der Abbildung des Faser-
hochhauses, in dem die KZ-Frauen aus Ravensbrück arbeiten mussten.

Ob das der Dank für die Freizügigkeit wäre? Der Ausgang sonntagnachmittags wurde ihr fortan gestrichen. Trotzdem schaffte sie es, sich davonzustehlen und ihrem Iwan die Schwangerschaft zu beichten. »Ist doch halb so schlimm. Der Krieg ist bald zu Ende und dann gehen wir irgendwo hin. Oder wir bleiben hier. Alles wird sich finden.«

Klawdija dachte an ihre Mutter. Acht Kinder hatte sie zur Welt gebracht, aber zu Hause, nicht in der Fremde. Das jüngste, Raissa, war noch kein Jahr alt. Klawdija hatte das Schwesterchen nur als Neugeborenes gesehen.

Laut Dr. Weber würde ihr Baby spätestens im Dezember da sein. Ob der Winter hier in Deutschland ebenso bitterkalt werden würde wie der letzte zu Hause in Belgorod? Bis zu siebenundfünfzig Grad unter null hatten geherrscht. Die Deutschen waren einen solchen Frost nicht gewohnt. Kein Wunder, dass die Ärzte so viele Amputationen vornehmen mussten.

Klawdija hatte sich von der Mutter damals nicht einmal verabschieden können. Warum war sie nur an jenem Wintertag zu den Deutschen gegangen? Bei dieser Eiseskälte hatte sich niemand hinausgewagt. Die ganze Stadt war wie leergefegt gewesen. Wieso hatte ausgerechnet sie sich derart in die Pflicht nehmen lassen? Wenn sie nur geahnt hätte, dass der Sanitätszug im Aufbruch war! Warum hatte sie nicht auf die Anzeichen geachtet? Kein Mensch hätte nach ihr gefragt, sich um sie oder um Maria geschert, man wäre ohne sie gefahren!

Ob die Mutter sie für tot hielt? Tot wie der kleine Bruder, der eines Tages, als alle beim Essen saßen, einen undefinierbaren Brocken dicht vor sich auf den Tisch legte, den er für einen außergewöhnlichen Stein hielt. Und dieser Stein, der in Wahrheit eine Mine war, detonierte plötzlich und riss den kleinen Bruder in Stücke. Der Bruder war das erste Kriegsopfer, das Klawdija zu Gesicht bekommen hatte. Sie musste diesen Krieg irgendwie überleben.

☆ ☆ ☆

Klawdija dreht sich zu der kleinen Ikone in der Küchenecke und sagt das kurze Gebet auf, wie sie es tausende Male in ihrem langen Leben getan hat. Dann bekreuzigt sie sich. Sie setzt die Kartoffeln auf. »Lentamente!« Wenn sie so langsam weiterarbeitet, wird sie bis morgen früh in der Küche stehen. Morgen früh! Morgen wird sie ihrer Tochter gegenübertreten. Samt Mann reist sie an. Was wird sie ihr sagen?

Die Wohnung sieht jedenfalls anständig aus, gerade renoviert und mit neuer Couch. Wie sie das zusammengeborgte Geld zurückzahlen soll, weiß sie noch nicht, aber darüber mag sie sich jetzt nicht den Kopf zerbrechen.

Gut, dass ihr die Frauen geholfen hatten. Erst beim Malern und dann in der Küche, woll'n doch mal sehen, was russische Gastfreundschaft ist! Klawdija tritt ans Fenster. Draußen ist es jetzt Nacht geworden, aber der weiße Vollmond leuchtet hell wie eine Straßenlaterne.

Klawdija flüstert mehr als sie singt:

»Mal bewegt sich der Fluss, mal steht er still,
in Silber taucht alles der Mond.
Ein Lied ist zu hören und dann wieder nicht,
diese Nächte beherrscht vom Mond.«

Wie oft hatte das Lied Maria und ihr Trost gespendet. Zusammen war es leichter gewesen, die schwere Zeit und ihre ganz und gar nicht willkommenen Schwangerschaften zu überstehen. Denn nicht nur Klawdija, auch Maria wurde Mutter.

✩ ✩ ✩

Dagmar schiebt die Abteiltür auf und tritt an das Fenster. Sie will allein sein, kann nicht einmal Rudolf ertragen. Was der nun ganz gewiss nicht verdient. Einen einfühlsameren Partner hätte sie sich nicht einmal erträumen können.

Sie schirmt mit den Händen das Ganglicht ab, sie will die Landschaft sehen. Genau so hatte sie sich Russland vorgestellt. Dick verschneit, endlos weit.

Am liebsten würde sie die Schneedecke am Zipfel packen und lüpfen, um zu sehen, was darunter steckt.

Sie will dieses Russland verstehen, schließlich ist sie selbst Russin. Auch wenn sich ihre Eltern alle Mühe gegeben hatten, diese Wahrheit vor ihr zu verheimlichen. Genützt hatte es nichts.

Die Nachbarn wussten Bescheid und so war es nur eine Frage der Zeit, bis sich einer verplapperte. Wahrscheinlich hat Sonja bis heute keine Ahnung davon, wie sehr ihre Worte Dagmars Leben veränderten. Dabei wollte sich Sonja nur wichtig machen. Dagmar hatte das Flüchtlingsmädchen nie sonderlich gemocht. Ihr Dialekt klang fremd, sie kannte ihre Kinderspiele nicht, alles musste man Sonja erst erklären. Dagmar gab sich mit ihr nur aus Mitleid ab, denn Sonja hatte durch die überstürzte Flucht vor den Russen alle ihre Freundinnen aus den Augen verloren. Sonja wohnte nicht in ihrer Straße, kam aber regelmäßig ihre Großeltern besuchen, die als Vertriebene aus Ostpreußen in Dagmars Haus untergekommen waren. Sonja langweilte sich an diesen Nachmittagen bei ihnen zu Tode, deshalb erbarmte sich Dagmar hin und wieder und nahm das fremde Mädchen mit auf die Straße. An Thea reichte Sonja nie heran, und wenn sie sich noch so viel Mühe gab. Thea, Dagmars allerbeste Freundin, wohnte gleich schräg gegenüber. Dagmar und Thea waren unzertrennlich, trotz Theas losen Mundwerks. »Na Püppi, haben sie dich wieder rausgeputzt?«, so begrüßte Thea sie immer dann, wenn Dagmar zum Spielen weiße Kniestrümpfe trug. Dagmar liebte Kniestrümpfe. Aber die Mutter hatte eine Regel aufgestellt:

Dagmar mit ihrer Freundin Thea und den Eltern

Nur in den Monaten, die kein »r« enthielten, waren sie erlaubt. Die Mutter wollte das leicht kränkelnde Mädchen vor Erkältungen bewahren.

Wenn Dagmar quengelte, fragte die Mutter sie: »Willst du etwa schon wieder eine Rippenfellentzündung haben oder gefiel dir der Keuchhusten besser?« Dagmar hatte längst vergessen, wie das war, als sie Keuchhusten oder Rippenfellentzündung hatte. Doch weil die Mutter so traurig aussah, gab sie nach. Und sie ließ sich alle Nase lang von ihr die Beine messen. »Damit du nicht noch einmal operiert werden musst.« Dagmar wollte nicht ins Krankenhaus und vor allem niemals wieder einen Gips tragen. Ein ganzes Jahr hatte ihr Bein in dem schrecklichen Panzer gesteckt. »Knochen-Tbc«, hatte der Arzt gesagt. Dagmar er-

Dagmar als Sechsjährige

innerte sich, wie schief sie war, als der Gips entfernt wurde! Das eingepackte Bein war nicht mitgewachsen. Erst regte sich die Mutter furchtbar auf, aber dann dachte sie sich etwas Lustiges aus: Fahrradfahren im Bett. Dagmar musste sich auf den Rücken legen, dann radelte die Mutter mit ihr los. Sie bewegte Dagmars Beine so schnell sie konnte und zog das kürzere immer kräftig lang.

Ein letztes Mal war Dagmar mit ihrer Freundin Thea durch Bitterfeld spaziert, ohne Sonja. Beim Abschiednehmen konnte sie sie nun wirklich nicht gebrauchen. Dagmar ging mit Thea durch die Wittenberger Straße, vorbei an den Nachbarhäusern aus dunkelbraunen Ziegelsteinen. Vom Murmelspielen kannte sie jedes Loch an den Platanenwurzeln. Wehmütig blickte sie zu dem kleinen Pfad, der zum Rodelberg führte. Im Sommer spielten sie dort »Fischer, wie tief ist das Wasser?« Der Fischer stand mal unten, mal oben auf dem Berg, formte mit den Händen einen Trichter, durch den er den Wasserstand rief und auch, wie sie ans andere Ufer gelangen konnten. Hüpfen bergab war jedes Mal zum Kugeln. Regelmäßig überschlugen sie sich und rollten quiekend nach unten. Strenge »Fischer« ließen sie bergan auf einem Bein springen, am besten war Schwimmen, das sie nur mit den Armen andeuteten.

Noch vor wenigen Tagen hatten sie unten am Flüsschen Kartoffeln gegrillt und »Schwarzer Mann« gespielt. Dagmar fand »Schwarzer Mann« immer ein bisschen gruselig. Die Waghalsigsten versuchten an ihm in kleinstmöglichem Abstand vorbei zu kommen. War seine Aufmerksamkeit abgelenkt, huschten die restlichen Mutigen geschwind an ihm vorbei und jubelten um so lauter, wenn er sie nicht erhaschte. Die Angsthasen allerdings blieben von Anfang an auf Abstand und nahmen lange Wege in Kauf, um unbehelligt die gegenüberliegende Seite zu erreichen.

All das war vorbei, weg wie die Möbel für den Umzug.

Zum ersten Mal war Dagmar ihren Eltern böse. Warum wollten sie nicht in Bitterfeld bleiben? Sonst verwöhnten sie sie, wo sie konnten. Kein Vater in der ganzen Wittenberger Straße hatte seinen Kindern das Fahrradfahren beigebracht. Ihrer schon. »Nicht mal dein Akkordeon musst du selbst tragen! Meine Mama würde mich den schweren Kasten mit Sicherheit allein schleppen lassen!« Woher hatte das Thea so genau wissen wollen? Sie spielte schließlich Klavier. Wie würde sie sie vermissen! Thea war die Starke, nur manchmal sah Dagmar sie traurig. Wenn sie mit dem Orchester ein Konzert im Kulturpalast gaben und weder Theas vielbeschäftigte Mutter noch ihr Vater gekommen waren. Dagmar fiel immer erst dann auf, wie anders ihre Eltern waren, wenn Thea Bemerkungen machte. Theas Eltern waren zwar sehr wohlhabend – bei ihnen zu Hause stand ein großer, schwarz lackierter Flügel! –, aber sie erzogen ihre Kinder streng. Sie besaßen eine Zementfabrik, einen großen Hof mit Scheune, eine Kutsche und sogar zwei Pferde.

Einmal, beim Kindergeburtstag, durften die Freundinnen Platz nehmen zu einer Spazierfahrt. Anfangs bekamen die Mädchen gar nicht mit, wie die Pferde lostrabten. Sie wurden immer schneller und schneller und schneller. Plötzlich plapperte keine mehr. Entsetzt schauten sie zu, wie der Kutscher wild die Peitsche schwang, die laut knallend in einem fort auf die

Pferderücken niedersauste. »Brrrrr, brrrrr«, rief der Kutscher verzweifelt, doch die beiden Braunen waren nicht mehr zu stoppen. Sie galoppierten mit der Kutsche im Schlepptau durch die Straßen und dann, mit einem Ruck, machten sie Halt. Wenige Zentimeter vor einem LKW, den der Fahrer ihnen todesmutig in den Weg gestellt hatte.

Mit Thea war es öfter gefährlich. Als die beiden Freundinnen einmal lärmend aus der Scheune gerannt kamen, schloss sich ihnen der Ziegenbock an. Er hatte es auf Dagmar abgesehen. Sie lief über den großen Hof, er jagte ihr nach. Sie stürzte in den Gemüsegarten, der Ziegenbock mit gesenktem Kopf hinterher. Dagmar riss die Stalltür auf, hielt sie an der Klinke gepackt wie ein Schild vor sich und knallte sie dem Bock genau vor den Schädel. Um ein Haar hätte er sich an seinen eigenen Hörnern aufgespießt. Dagmar zitterten die Knie auch dann noch, als sie längst sah, dass der Aufprall das Tier außer Gefecht gesetzt hatte.

Thea fürchtete sich vor nichts und neckte sogar die Puter vor der Molkerei. Diese mächtigen und entsetzlich hässlichen Vögel hielten Wache auf dem Milchhof. Keiner wagte sich ihnen zu nähern, denn wenn sie gereizt wurden, schwoll ihnen beängstigend der Kamm. Aber Thea nahm sogar eine rote Jacke mit. Rot! Auf das das Federvieh ganz besonders aufgebracht reagierte!

Dagmar dagegen waren schon die Hühner in ihrer Garage zu Hause nicht geheuer. Der Vater hatte sein Auto im Krieg einem Arzt abtreten müssen und seitdem wurde die Garage als Stall für die Hennen, einen Hahn und die Kaninchen genutzt. Draußen, auf dem Hackklotz, brachte der Vater die Tiere zur Strecke. Dagmar konnte das nie mit ansehen. Erst recht nicht, als einmal ein Huhn, dem schon den Kopf abgeschlagen war, blutend im Hof umherflatterte!

Nur ein einziges Mal verboten die Eltern ihr, Thea zu besuchen. Dagmar war fast zehn, ein Tag im Sommer 1953. Der Vater war aufgeregt aus der Stadt zurückgekehrt, hatte die Glastür zwischen Ess- und Wohnzimmer zugeschoben, damit Dagmar nicht mithören konnte, und mit erregter Stimme auf die Mutter eingeredet, worauf die entsetzt und viel zu laut zurückfragte: »Panzer? Oh Gott, schon wieder Krieg?«

»Psst! Mach nicht gleich so ein Geschrei, ein paar Arbeiter auf der Straße sind noch lange kein Krieg!«

Und die Panzer? Ihre Ketten waren selbst bei geschlossenem Fenster zu hören.

Dagmar verstand nicht, warum die Arbeiter etwas gegen die Regierung hatten. Das war doch die Regierung der Werktätigen: der Arbeiter und Bauern. So hatte sie es zumindest in der Schule gelernt. Schon am nächsten Tag war alles vorüber. Allerdings kam ihre Freundin Wilma nicht mehr in die Schule. Wenig später stand ihr Klavier im Kinderzimmer, auf dem konnte und mochte Dagmar aber nicht spielen. Wilmas Familie war die Erste, die »rübermachte«. Drei Jahre später folgten sie als Nächste.

Der Abschied von Bitterfeld fiel Dagmar schwer. Nie mehr würde sie mit ihren Freundinnen Geburtstag feiern. Zu ihren Sammeltassen, die ihr die Mädchen Jahr für Jahr geschenkt hatten – immer bis zum Rand voll mit Bonbons und am Henkel große Schleifen – zu ihnen würden keine neuen mehr hinzukommen, denn von nun an hatte sie keine Freundinnen mehr. Dagmar wollte nicht aus Bitterfeld fort. Warum auch? Keine der Antworten leuchtete ihr ein. Der Vater würde jetzt als Rentner einen neuen Lebensabschnitt beginnen. Warum konnte er das nur in Braunschweig tun und nicht in Bitterfeld? Nichts gefiel den Eltern mehr an Bitterfeld. Sie sagten, dass sie die Russen nicht mochten. Ob es die Eltern wollten oder nicht, sie mussten den Soldaten nachts ein Dach über dem Kopf gewähren. Dann breiteten die fremden Männer, deren Uniformen stets nach Herbstlaub und Knoblauch rochen, ihre Militärmäntel auf dem Küchenboden aus, bereiteten sich daraus ein notdürftiges Nachtlager, denn auf Betten hatten sie wiederum keinen Anspruch. Tagsüber verschwanden sie und wenn sie abends zum Schlafen kamen, pulten sie für Dagmar aus ihren Hosentaschen warme Brotkügelchen hervor oder Bonbons voller Fusseln. Wenn sie klingelten, und sie klingelten immer Sturm, hörte die Mutter sofort auf zu singen. »Ich brech' die Herzen der stolzesten ...« und bekam ein spitzes, ernstes Gesicht. In diesen Momenten schien sie um Jahre zu altern. Ängstlich umklammerte sie Dagmar, als wollte sie sie nie wieder loslassen, beugte sich wie ein altes Hutzelweib über das Kind. Wenn die Soldaten fort waren, flüsterten die Eltern noch Tage später im Wohnzimmer, nie durfte Dagmar hören, was sie derart in Unruhe versetzte.

»Irgendwann werden uns die Bagger den Boden unter unseren Füßen wegschaufeln!«, schimpfte der Vater. Mit Argwohn beobachteten die Eltern, wie sich der Braunkohlebagger immer weiter an die Stadt heranfraß. Wenn sie sich auf den Mittelstreifen stellte, konnte Dagmar von ihrer Straße aus die Schaufeln zählen. Als würde sie vor ihm ausweichen, knickte die Straße kurz vor dem Bagger in einer scharfen Linkskurve ab. Hauptsache, er ließ ihr Haus und den Rodelberg stehen! Und wenn man nicht so genau hinhörte, störte das Baggerquietschen fast gar nicht.

Als sie an jenem letzten Nachmittag von Thea kam, lehnte Sonja schon an der Platane vor ihrem Haus. Dagmar hatte sie erst im Treppenaufgang erwartet. Dort, wo sie immer saß, auf den Stufen vor der Wohnung ihrer Großeltern. »Gut, dass ich dich treffe. Da können wir uns gleich verabschieden, für immer. Wir ziehen nämlich fort, nach Braunschweig«, sagte Dagmar. Thea hatte sie umarmt, Sonja dagegen gab sie nur die Hand. Sie war zu traurig, um sich jetzt um Sonja zu kümmern. Sonja versuchte, sie zu trösten: »Wenn du groß bist, kommst du einfach wieder hierher zurück. Du musst ja nicht dein ganzes Leben in Braunschweig verbringen.« Als Sonja merkte, dass Dagmar nicht zum Plaudern aufgelegt war, sondern es eilig hatte, legte sie nach, um sie zumindest noch ein wenig aufzuhalten: »Dann musst du ja auch nicht mehr bei deinen Eltern bleiben. Es sind ja sowieso nicht deine richtigen.« Dagmar hatte zunächst nur den ersten Teil verstanden. Wieso sollte sie sich von ihren Eltern trennen wollen? Sie liebte ihre Eltern mindestens ebenso sehr wie diese sie. Allmählich wurde ihr der Rest bewusst. Sie fragte nicht nach. Sonja sollte ihr nichts über ihre Eltern sagen. Was wollte sie, das Flüchtlingskind, schon über ihre Eltern wissen? Und dennoch zweifelte sie keinen Augenblick an Sonjas Worten.

»Auf Wiedersehen, Sonja«, sagte Dagmar nun noch kühler. Sonja spürte die Zurückweisung und fuhr fort: »Deine echten Eltern sind Russen, damit du's weißt! Du bist ein Russenkind!«

Dagmar ließ Sonja stehen und klingelte an der Wohnungstür. Der Vater öffnete. »Hast du dich von Sonja verabschiedet? Auch von Thea?« Die Mutter streckte den Kopf aus der Küchentür: »Musstet ihr weinen, meine Kleine? Komm her, ich hab dir Vanillepudding gekocht, er ist noch ganz warm.«

»Ich will noch fertig packen.« Sie schwor sich, die herzensguten Eltern mit keiner einzigen Frage zu belasten. Sie würde nicht einmal Thea etwas sagen.

Die Eltern hatten es in den letzten Wochen gar nicht erwarten können, von Bitterfeld wegzuziehen. Gesprochen hatten sie schon länger darüber, jetzt sollte es plötzlich ganz schnell gehen. Hatte das etwas mit den sowjetischen Offizieren zu tun?

Kamen sie deshalb so oft, weil ihre wahren Eltern tatsächlich Russen waren? Aber was wollten sie? Sie mitnehmen?

Oder wollten die Eltern fort, weil sich die Wahrheit herumzusprechen drohte? Wenn sie nun wirklich nicht ihre leibliche Tochter war? Wenn sogar Sonja schon etwas wusste!

In ihrem Zimmer tat Dagmar, was sie oft machte, wenn sie nachdenken wollte: Sie fing an zu zeichnen. Statt Goldregen oder Mandelblüten wie sonst malte sie heute Grabsteine und Kreuze. Hatte sie wirklich andere Eltern, waren die vielleicht schon tot? Musste sie diese Eltern auf dem Friedhof suchen? Aber dafür blieb gar keine Zeit mehr! Morgen ging ihr Zug. Die Grabsteine verschwammen, das Papier warf Blasen. Dagmar wischte mit der Faust darüber hinweg und verschmierte die Zeichnung.

Sie wollte nicht nach Braunschweig und jetzt noch viel weniger!

☆☆☆

Der Zug fährt gemächlich durch die Nacht. Dagmar betrachtet ihr unscharfes Spiegelbild in der Fensterscheibe. Groß war sie schon als 13-Jährige, doch im Gegensatz zu heute hatte sie sich als ein dünnes, kränkliches und vor allem unglückliches Kind in Erinnerung. Unglücklich seit dem Tag, an dem Sonjas Satz ihre heile Welt aus den Angeln gehoben hatte. Wie ferngesteuert war sie damals in den Zug gestiegen, hatte unverwandt aus dem Fenster geschaut, ohne ihre Eltern auch nur einmal anzusehen. Oebisfelde hieß der letzte Ort auf der DDR-Seite. Dahinter kam der Westen. Das andere Deutschland. Die Eltern hatten die Ausreise beantragt, monatelang war nur noch von dem Umzug die Rede gewesen. Vergeblich versuchten die Eltern, ihr Haus zu verkaufen. Es wurde ihnen verboten. Erst als der Vater einwilligte, das Haus zu verpachten, ließ man sie ziehen.

In Oebisfelde kontrollierten die Uniformierten ihr Gepäck und lasen in den Ausweisen, als wollten sie sich jedes Komma einprägen. Niemand sprach, selbst dann nicht, als sie die Papiere abstempelten: 12. September 1956.

In Braunschweig nahm niemand von ihrer Ankunft Notiz. Nur Onkel Heini und Tante Mia, deren Namen Dagmar in letzter Zeit häufiger gehört hatte, empfingen sie auf dem Bahnsteig. Dagmar konnten Onkel und Tante gestohlen bleiben! Sie trottete absichtlich langsam hinter den Erwachsenen her, ließ sich aber nur so weit zurückfallen, dass sie ihre Gespräche gerade noch verstehen konnte.

»Das ist also deine Adoptivtochter?«, hörte sie Onkel Heini die Mutter fragen. Die drehte sich erschrocken nach Dagmar um.

Also war es tatsächlich wahr!!

Dagmar wollte zurück nach Bitterfeld. Vielleicht waren ihre richtigen Eltern ja noch da? Vielleicht konnte sie dort nachforschen, heimlich, sodass niemand etwas mitbekam. Was sollte sie in Braunschweig? Sie hasste die enge armselige Wohnung in der Broitzemer Straße, in der sie nicht einmal ein eigenes Zimmer hatte. Wo ihre Schlafcouch am Fuße des Ehebettes stand, als sei sie noch ein Baby. Dabei war sie dreizehn. Sie hasste die Schule, die Mädchen in ihrer Klasse. Wie gemein sie gelacht hatten, als Dagmar ihren Namen sagte. »Ooch, ähne Sächsin!«, hatte sie eine nachgeäfft. Jetzt verstand sie, warum die Mutter, Braunschweigerin ohne Bitterfelder Dialekt, sie in den vergangenen Wochen immer aufgefordert hatte, das typische »woh« wegzulassen. »Du sagst das nach jedem Satz. Wie das klingt!« Sie hasste die Lehrer, die nicht fassen konnten, dass Dagmar in der Schule zwar zwei Jahre Russisch gelernt hatte, nicht aber Englisch oder Französisch. Ihre Verwunderung hätte nicht größer sein können, wenn Dagmar soeben vom Mond gefallen wäre. Sie hasste den Direktor, der sie umkreiste und von allen Seiten begutachtete wie eine Stute auf dem Viehmarkt: »Du bist also das Mädchen aus der Ostzone, oder sagst du DDR? Nun, dann zeig mal, was du kannst. Sag uns etwas auf Russisch. Ein Gedicht?« Dagmar fiel das dümmste ein, eines, das sie in den allerersten Schulstunden gelernt hatten: »Nina, Nina, tam kartina, eto traktor i motor.« (Nina, Nina, da ist das Bild, das ist ein Traktor und ein Motor.)

Dagmar als zehnjährige Schülerin

So schnell sie konnte, rasselte sie es herunter. Dann musste sie es an die Tafel schreiben. Wie ein Tanzbär im Zirkus!

Warum fragte er sie nicht gleich noch, warum sie ein Adoptivkind war und russische Eltern hatte? Dagmar hätte sich nicht fremder fühlen können. Sie, um die sich in Bitterfeld ihr gesamter Freundeskreis drehte, hatte mit ihren Braunschweiger Altersgefährtinnen nichts gemein. Sie fühlte sich wie eine Außenseiterin.

»Jetzt aber endlich raus mit dir!« Dagmar rührte sich nicht. Kein Zureden, kein Betteln half, sie weigerte sich aufzustehen. Die Mutter schrieb viele Entschuldigungsbriefe, war wie immer voller Verständnis. Natürlich, so ein Umzug konnte ein Kind verstören. Den Vater offenbar auch, er wurde immer mürrischer. Selbst sein Lieblingsthema Weltreisen heiterte ihn nicht mehr auf. Vorbei die Geschichten seiner Seefahrerei für den Norddeutschen Lloyd, seiner Äquatortaufe, seiner Zeit als Farmer in Australien, wo er nach Ausbruch des Ersten Weltkrieges dreieinhalb Jahre in Holdsworthy in New South Wales inhaftiert war. Statt wie früher seine Erlebnisse in den schillerndsten Farben zu schildern, gab er jetzt nur noch Gemecker von sich, wenn er überhaupt den Mund aufmachte. Selbst im Urlaub, den sie immer im Ostharz verbrachten, verbreitete er nichts als Übellaunigkeit. Die Ferien waren stets regelrechte Einkaufstouren, denn der Vater bekam zwei Renten ausgezahlt, eine in West- und eine in Ostmark, die sie in Braunschweig nicht ausgeben konnten. Statt wie die Mutter den Luxus zu genießen, in den Geschäften Teppiche und Pelzmäntel auszuwählen, machte er ein verdrießliches Gesicht. Er war nicht geizig, das Ostgeld musste weg, wenn es nicht verfallen sollte, aber er fand keine Freude daran. Außerdem quälte er Dagmar selbst in den Ferien mit Mathematikaufgaben. Offenbar konnte er nicht mit ansehen, wie sie unbeschwert die freien Tage genoss. Einmal, als er sich aus unerfindlichen Gründen über sie ärgerte, drohte er ihr, sie in das Kinderheim zu stecken, an dem sie einmal in der Stadt vorbeigekommen waren. »Zurück dahin, wo du herkommst.« Woher rührte die plötzliche abgrundtiefe Verachtung in seiner Stimme?

Dagmar wagte nicht nachzufragen. Der Vater wurde ihr fremd und sie bekam Angst, dass sie die Eltern bei den Harzurlauben einfach in der DDR zurücklassen könnten. Ihr Vertrauen war erschüttert. All die Jahre hatten sich die Eltern peinlichst bemüht, auch den kleinsten Hinweis auf Dagmars Herkunft zu vermeiden. Nun hatte der Vater von sich aus diese unsichtbare rote Linie überschritten. Drohungen dieser Art wiederholten sich noch zwei Mal, wenn auch in großen Abständen, einmal wollte er sie sogar schlagen. Machte er Dagmar für sein Unglück am Lebensabend verantwortlich? Der Vater hatte größte Mühe, sich an das Leben als Rentner zu gewöhnen. Niemand brachte ihm jetzt noch das Ansehen entgegen, das er, der erfolgreiche Ingenieur, in Bitterfeld genossen hatte, das ihm gewisse Privilegien, wie das geräumige Haus, beschert hatte. In Braunschweig war er nichts weiter als ein kleiner Pensionär aus der Ostzone in einer gemieteten Zweizimmerwohnung. Da half es nichts, dass er gerade sein Reihenhäuschen hochzog. Seine Frau verwandte die meiste Mühe darauf, ihn bei Laune zu halten und ihm keinerlei Anlass für Ärger oder gar Eifersucht zu liefern. Umsonst. Geizte er früher nie mit Komplimenten, wenn sie mit ihren Schneiderkünsten wieder einmal ein neues Kleid für sich oder Dagmar gezaubert hatte, so konnte er es jetzt nicht einmal mehr ertragen, wenn sie sich auch nur mit jemandem unterhielt. Die Sorglosigkeit und Ausgelassenheit der Bitterfelder Tage waren Vergangenheit. Die Eltern hatten keine Freunde, bis auf die Verwandtschaft besuchte sie niemand. Nur manchmal, wenn Nachbarn, die schon einen Fernsehapparat besaßen, sie zum Fußballabend einluden, gingen Dagmar und die Mutter hinüber. Der Vater schloss sich ihnen nie an.

Dagmar wurde krank. Zunächst war sie froh, der Schule auf diese Art entgehen zu können. Aber als sie die zehnte Klasse wiederholen musste und wieder in eine neue Klasse kam, bedauerte sie es. Denn wieder gab es einen Anlass, einen Lehrer zu hassen. Hatte ihr Klassenlehrer sie doch dieses Mal ihren Mitschülerinnen vorgestellt mit den Worten: »Das ist Dagmar, sie war sehr krank, musste operiert werden und kann nun keine Kinder mehr bekommen.«

Dagmar schwor sich, die Schule so schnell wie irgendmöglich hinter sich zu bringen und zwar mit einem anständigen Zeugnis. Schließlich war sie in Bitterfeld immer eine gute Schülerin gewesen.

»Hast du auch etwas gefunden?«, flüsterte ihr eines Tages ihre Banknachbarin zu. Nicht nur sie, alle Mädchen der Klasse hatten Zettelchen auf den Ablagen unter ihren Tischen entdeckt. Dagmar las:

»Liebe Unbekannte! Zunächst möchte ich mich vor-

stellen. Ihr Platz ist auch meiner. Wenn Sie am Abend Ihre Hausaufgaben machen oder mit Ihren Freundinnen spazieren gehen, sitze ich als Schüler hier. R.

PS.: Über eine Antwort von Ihnen würde ich mich freuen.«

In der Pause zeigten die Mädchen einander die an sie gerichteten Botschaften. Nach der letzten Stunde hinterlegten sie ihre Antwortbriefe, Dagmar schob ihr Zettelchen tief in die hinterste Ecke.

»Lieber R.! Dass ich antworte, bedeutet, dass ich Ihnen schreiben möchte. Wie kommt es, dass Sie auf meinem Platz sitzen? Das ist doch eine Mädchenschule. Wer sind Sie? D.«

Am nächsten Tag brauchte die Mutter sie nicht zu wecken. Dagmar eilte zur Schule. Hatte er geschrieben? Dass bloß niemand den Zettel wegnahm. Nicht einmal ihrer Banknachbarin vertraute sie. Und wenn die Putzfrauen die Papierchen für Müll gehalten hatten?

Dagmar packte ihre Schulsachen aus und schob die Bücher auf die Ablage unter der Schreibplatte. Ein Briefchen!

»Liebe D.! Wie sehr habe ich mich über Ihren Brief gefreut. Wollen Sie mir auch weiter schreiben? Ich mache dasselbe wie Sie: Ich gehe zur Realschule. Sie morgens und ich abends. Verraten Sie mir, was D. heißt? Soll ich raten? Dorothea? Ihr R.«

»Lieber R! Warum gehen Sie abends zur Schule? Was machen Sie am Tag? Finden Sie die Schule auch so *furchtbar wie ich? Dorothea ist gut geraten. Aber falsch. So heißt meine Freundin. Raten Sie weiter. D.«*

»Liebe Diana oder Daniela, oder heißen Sie Dagmar? Sie haben richtig vermutet: Ich musste schon sehr früh arbeiten. Leider. Sagen Sie mir nun, wie Sie heißen? Ich versuche es der Reihe nach: Diana. Wie finden Sie die Idee, dass wir uns am Samstag alle am Theater treffen? R.«

»Lieber R.! Diana ist falsch. Am Samstag kann ich nicht. Du musst weiter raten. D.«

»Liebe Daniela! Stimmt das jetzt? Schön, dass wir jetzt Du zueinander sagen. Wenn Du am Samstag nicht kannst, gehe ich auch nicht hin. Schade. R.«

»Lieber R. Aller guten Dinge sind drei. Daniela heiße ich auch nicht. Nun müsstest Du es wissen. Und Du? Heißt Du Rolf, Richard oder Rudolph? Sag's mir, denn ich werde nicht raten. D.«

»Liebe Dagmar! Schenkst Du mir ein Foto von Dir? BITTE! Dein Rudolf. (Nicht mit ›ph‹) PS.: Glückwunsch, Du hast es sofort herausgefunden.«

Rudolf hatte sich das Klassenbuch geschnappt und daraus erfahren, dass Dagmar Schmidt die Tochter eines Ingenieurs war und nicht weit von ihm ent-

fernt wohnte, was ein mögliches Treffen enorm verein-
fachte.

Der Mutter blieb Dagmars Wandlung nicht verborgen. Beim Kaffeetrinken, wenn die beiden am Nachmittag alleine zusammensaßen, erzählte ihr Dagmar
von ihrer Brieffreundschaft. Sie las der Mutter die Botschaften vor. Wie mit einer guten Freundin überlegte
sie, ob sie sich mit Rudolf verabreden sollte. Es war die
alte Vertrautheit, wie früher in Bitterfeld, wenn der
Vater noch im Betrieb gewesen war. In diesen Däm-
merstunden hatte die Mutter manchmal von ihrer
Kindheit erzählt oder davon, wie sie den Vater kennen
gelernt hatte.

»Dieser Rudolf ist im Vorteil«, überlegte die Mutter nun. »Er weiß, wie du aussiehst. Du dagegen hast
nichts. Vielleicht gefällt er dir gar nicht? Bitte ihn auch
um ein Foto!« Die Mutter hatte Recht, Dagmar schob
auch dieses Treffen hinaus.

Kurz darauf fand sie in einem Umschlag sein Bild.

Artig gaben sie sich die Hand, als sie sich das erste Mal
trafen. Die hoch aufgeschossene Dagmar stellte fest,
dass Rudolf groß genug war. Mit einem Mann, der
kleiner gewesen wäre als sie, hätte sie sich nicht zeigen
mögen.

Sie gingen spazieren und redeten, als würden sie
sich Ewigkeiten kennen. Rudolf holte sie von ihrem
Englischkurs in der Volkshochschule ab. Ihre Mutter
hatte darauf bestanden, dass Dagmar nicht nur Fran-

zösisch lernte. Seitdem sie wusste, dass Rudolf nach der Stunde auf sie wartete, ging sie gern zum Unterricht. Zwei Jahre lang durchstreiften sie gemeinsam Braunschweig. Wie hatte sie die Stadt nur hassen können!

Rudolf konnte sie alles anvertrauen. Sie erzählte ihm von ihrer Qual, nicht zu wissen, wer ihre wahren Eltern waren. Anders zu sein als ihre Mitschülerinnen. Nicht einmal Kinder kriegen zu können. Rudolf schien nichts zu überraschen, nichts zu schockieren, er blieb der, der er vom ersten Moment an war: ein verständnisvoller Zuhörer und Ratgeber, wie sie sich ihn nicht besser wünschen konnte. Ihre Offenbarungen konnte seine Liebe zu ihr nicht erschüttern. Er liebte sie, ob mit deutschen, russischen oder chinesischen Eltern, ob mit Kindern oder ohne.

So wie sie ihm alles anvertrauen konnte, so konnte auch er sich ihr öffnen. So wie sie all die Jahre davon geträumt hatte, endlich zu erfahren, wer ihre Eltern waren, so malte er sich aus, nicht mehr nur als kleiner Kaufmann im Büro Rechnungen zu erstellen, sondern mit seinen Liedern einen ganzen Konzertsaal in Begeisterung zu versetzen. Rudolf lebte für die Musik. Dagmar, die bis dahin nur Akkordeon und Flöte gespielt hatte, lernte Klavier. Jetzt bedauerte sie, dass sie Wilmas Flügel in Bitterfeld zurückgelassen hatten. Heimlich sparte sie von ihrem Lehrlingsgeld jede Mark und überraschte ihn eines Tages mit einem Piano. Nicht neu, nicht edel, aber ein verlässliches, solides Instrument.

Sollte Rudolf seine Abendschule hinter sich bringen, mit der Gesangsausbildung beginnen – sie würde ihn jederzeit unterstützen.

Dagmar wollte heiraten. Aber Rudolf weigerte sich, einen Lehrling zur Frau zu nehmen. Dagmar, die am liebsten Steinmetz geworden wäre, steckte mitten in der Ausbildung zur Bürokauffrau. Der Vater hatte es so gewollt. Ihr ging es wie Rudolf: Schon jetzt fand sie ihren Beruf öd. Dennoch: Sie wollte ja heiraten. Und da Rudolf nicht locker ließ, bat sie ihren Ausbilder um die vorzeitige Anmeldung zur Abschlussprüfung, ein halbes Jahr früher als üblich. Sie büffelte, bestand – und nun musste ihr Rudolf einen Antrag machen. Er tat es liebend gern.

Dagmar war erst zwanzig, zur Volljährigkeit fehlte ihr noch ein ganzes Jahr. Wollte sie vorher heiraten, und das wollte sie!, brauchte sie das Einverständnis ihrer Eltern.

Als sie sie darum bat, fielen die aus allen Wolken. Dabei kannten sie Rudolf nun schon vier Jahre. Sie hatten ihre Verlobung gemeinsam gefeiert, die Eltern und Rudolf duzten sich, er gehörte längst zur Familie.

Die Stunde der Wahrheit schlug, denn nun würde Dagmar erstmals ihre Geburtsurkunde benötigen.

»Ich möchte mit Rudolf sprechen. Allein. Er soll am Sonntag in den Schrebergarten kommen«, bat die Mutter.

»Du weißt ja, dass wir nicht immer in Braunschweig gelebt haben. Dass wir erst vor wenigen Jahren aus Bitterfeld gekommen sind. Ihr sagt ja ›Zone‹ dazu.« Die Mutter stockte und wusste nicht weiter. Rudolf sprang ein. »Geht es darum, dass Dagmar nicht euer leibliches Kind ist?«

Dagmar wartete voller Unruhe auf die Rückkehr der Mutter. Würde sie ihr jetzt die volle Wahrheit eröffnen? Sie schaute wieder und wieder zur Uhr, schaltete das Radio ein und sofort wieder aus, um keinesfalls die Schritte auf der Treppe zu überhören.

Wie gewohnt würde die Mutter mit dem Fahrrad vorausfahren. Der Vater fand immer einen Vorwand, erst ein wenig später aus dem Garten heimzukehren.

Hatten sie Rudolf etwas erzählt, was sie selbst noch nicht wusste?

Endlich ihre Schritte. Dagmar empfing die Mutter im Flur, schaute die Mutter erwartungsvoll an, doch als die ihrem Blick auswich, wusste sie, dass die Mutter nicht reden würde. Eine seltsame, beklemmende und für sie beide ganz ungewohnte Stille breitete sich aus und schien die gesamte Wohnung auszufüllen. Die Mutter, die ihr sonst so fröhlich von den Gartennachbarn erzählte, brachte nicht ein Wort über die Lippen. Stattdessen tat sie geschäftig, verschwand mit dem Gemüsekorb in der Küche. Keine Aufforderung an Dagmar, sich nützlich zu machen, nichts. Es war unmissverständlich, dass sie allein sein wollte. Hatte sie tatsächlich geglaubt, dass Dagmar immer noch nichts von dem Geheimnis der Eltern wusste? Unvorstellbar!

Später, als die Mutter in das Wohnzimmer kam, um den Tisch zu decken, trat sie kurz hinter Dagmar, legte ihr beide Hände auf die Schultern und drückte sie kurz. War das die Entschuldigung für ihre Sprachlosigkeit? Dagmar konnte die Geste weder deuten, noch wagte sie, die Mutter ohne Umschweife anzusprechen. Dafür raffte sie erst Wochen später all ihren Mut zusammen. Die Zeit drängte und sie hatte ihre Geburtsurkunde immer noch nicht.

»Und, dürfen wir heiraten?«

Die Mutter tat erstaunt. »Natürlich, Rudolf ist ein guter Mann.«

»Und warum musstest du ihn dann zum Einzelverhör einbestellen?«

»Verhör! Was für ein Wort!«

»Was hattest du mit Rudolf zu bereden, was ich nicht hören sollte?«

»Was man so bespricht, wenn um die Hand eines blutjungen Mädchens angehalten wird.«

Dieses Mal wollte Dagmar die Gelegenheit beim Schopf packen. Die Mutter hatte Erdbeertorte gebacken, ein Kaffeetrinken zu zweit, wie es Dagmar in den Bitterfelder Tagen lieb gewonnen hatte, bahnte sich an. Die Mutter war guter Stimmung, vielleicht sogar in Erzähllaune?

»Was ist mit meinen richtigen Eltern geschehen?«

»Sie waren Russen und sind an Tbc gestorben oder

Dagmar als Siebzehnjährige   Rudolf als Neunzehnjähriger

bei einem Bombenangriff, jedenfalls sind sie tot. Du warst in einem Kinderheim.«

»Aber woher hast du gewusst, dass ich in dem Heim war?«

»Das war reiner Zufall. Es war am 8. Mai, der Krieg war aus. Das Jugendamt wusste, dass wir gern ein Kind annehmen wollten, wir hatten den Antrag schon vor langer Zeit gestellt. Plötzlich kam der Leiter zu uns nach Hause. Er hatte zwanzig Kriegswaisen unterzubringen, da sind wir ihm eingefallen. Die Kleinen hatten alle eine Odyssee hinter sich. Auf Handwagen von einem Heim zum anderen, immer auf der Flucht. In Zörbig waren sie wenigstens noch in einem geräumten Kindergarten untergekommen, in Bitterfeld hatten sie nicht einmal Betten. Alle saßen oder schliefen auf

Dagmar als Anderthalbjährige mit ihrer Adoptivmutter im Mai 1945

dem blanken Fußboden. Ich hatte ein Zwillingspärchen entdeckt und überlegte noch, ob Vati auch mit zwei kleinen Jungen einverstanden sein würde. Dann sah ich einen weißblonden Schopf, versteckt in einer Ecke. Du hast mich angesehen und da wollte ich nur noch dich.«

»Und was hat Vati gesagt, dass du mich und keinen Jungen mehr wolltest?«

»Ach, der war doch sofort hin und weg. Er sagte zu dir: Für dich kleine Prinzessin will ich immer sorgen. Nie mehr sollst du ohne ein Dach über dem Kopf leben müssen. Du hast ihn angeschaut, als hättest du jedes Wort verstanden.«

»Wie alt war ich?«

»Sechzehn Monate. Wir hatten dir ein eigenes Zimmer mit lauter hellblauen Möbeln eingerichtet. Und ich habe gestrickt und genäht für dich. Nur Schuhe waren nicht zu bekommen. Wir haben uns die Hacken abgerannt, erst auf dem Schwarzmarkt fanden wir ein Paar.«

»Wer sind meine Eltern?«

»Über sie wussten wir zunächst nichts. Deshalb nannten wir dich Dagmar. Deine Geburtsurkunde bekamen wir erst ein Jahr später.«

»Zeig sie mir!«

»Jetzt gleich?«

»Sofort!«

Die Mutter ging in das Wohnzimmer und schloss hinter sich die Tür, damit Dagmar nicht sah, wo sie die Dokumente aufbewahrte.

Dann kam sie zurück und breitete Papiere auf dem Küchentisch aus. Ehe sie sich versah, hatte Dagmar ein Blatt gegriffen.

»Hier steht, dass ich Alla heiße! Alla Steblewa!« Sonja hatte also Recht, Dagmar war ein Kind russischer Eltern, hier fand sie es schwarz auf weiß bestätigt. Vater: Iwan Steblewa, Arbeiter aus Jeßnitz, Mutter Klawa Steblewa, Hausgehilfin, Sowjetrussin. Beide katholisch.

»Warum habt ihr mir nie etwas gesagt?«

»Weil du unsere Dagmar sein solltest. Wir wollten deine richtigen Eltern sein.«

»Warum habt ihr mich nicht weiter Alla genannt?«

»Weil wir deinen Namen anfangs nicht kannten. Und als wir ihn in der Geburtsurkunde lasen, warst du für alle schon Dagmar. Wir hätten nur Verwirrung gestiftet. Und welches Mädchen in Bitterfeld hieß schon Alla? Du hättest ständig irgendwelche Erklärungen abgeben müssen.«

Dagmar hielt die Geburtsurkunde hoch. »Kann ich die haben? Es ist höchste Zeit, das Aufgebot zu bestellen.«

Die Mutter nickte.

Dagmar verließ die Küche.

Wie hatten sie so egoistisch sein können! Um sich ihren Wunsch nach einem Kind zu erfüllen, hatten sie Dagmar ihrer Vergangenheit und Wurzeln beraubt. Und das nannten sie Liebe? Sie hätten gemeinsam nach den Eltern suchen können. Vielleicht lebten sie ja noch. Wäre das zu viel verlangt gewesen?

Ja. Dagmar fühlte wohl, dass sie den Eltern Unmögliches abforderte. Dennoch: Wie hatten sie ihr nur diese wichtige Information vorenthalten können? Damit war Dagmar doch ein völlig anderer Mensch!

Und sie selbst? Warum hatte sie nach Sonjas Eröffnung ihre Eltern nicht selbst gefragt, warum hatte sie, statt Klarheit zu schaffen, daraus genauso ein Geheimnis gemacht? Sie musste zugeben, dass sie an diesem jahrelangen Versteckspiel durchaus beteiligt war. Dagmar musste sich sammeln. Viel Zeit blieb nicht, bald würde der Vater zurück sein, bis dahin wollte sie sich mit der Mutter unbedingt ausgesprochen haben.

Geburtsurkunde

Dagmar ging in die Küche zurück und las schweigend die verschiedenen Geburtsurkunden durch. Die früheste stammte aus dem Jahr 1943, nur diese eine trug ihren wahren Namen. Alle späteren wiesen sie als Dagmar Schmidt aus.

Dagmar legte die Dokumente beiseite. Wann die russischen Eltern geboren wurden, woher sie kamen, erfuhr sie daraus nicht.

»Was meinst du, schaffen wir die Hochzeit noch in diesem Sommer?«

»Aber ja. Allerdings weiß ich noch nicht, wie wir das Haus fertig bauen und gleichzeitig das Fest bezahlen sollen.«

»Wer sagt, dass es eine große Hochzeit geben soll? Wir feiern einfach in ganz kleinem Kreis.«

»So sehr willst du ihn heiraten?«

Dagmar nickte und die Mutter nahm sie in die Arme.

»Wir machen eine wunderschöne Braut aus dir.«

☆ ☆ ☆

Dagmar geht zurück in das Zugabteil. Sie sucht in der Tasche nach dem Album. Es war Rudolfs Idee, Fotos von den wichtigsten Stationen ihres Lebens mitzunehmen. Dass sie nicht selbst darauf gekommen war! Sie fängt an zu blättern. Das Album beginnt mit ihrem Hochzeitsfoto, Bildern von den Adoptiveltern und dann kommen schon die Kinder, die sie angeblich nicht würde kriegen können. Ein Foto zeigt Carola, die Ältere, mit anderthalb, so alt wie Dagmar, als sie in ihre neue Familie kam. Dagmar schlägt die Seiten rascher um: die Jüngere, Tanja, mit zehn. Die Hochzeit der Töchter, die Enkelkinder. Lauter als beabsichtigt klappt sie das Album zu. Fast Mitternacht. An Schlafen ist nicht zu denken. Auch Rudolf sinniert nur vor sich hin. Sie geht zur Schaffnerin, die ihnen Tee bringen soll. Ein unerwarteter Service in diesem Zug: Ein großer Samowar im Gang hält ständig heißes Wasser bereit. Die Schaffnerin balanciert die vollen Gläser auf den Untertassen ins Abteil, die Zuckerwürfel geraten ins Rutschen, ein Berg, der für eine ganze Kanne reichen würde. Dagmar schlürft auf ihrer Liege am Fenster den Tee und träumt in die Nacht. Bei Sonnen-

Hochzeit am 10.Juli 1964

aufgang wird sie ihrer Mutter gegenüberstehen. Sie hat nicht nur herausgefunden, wer ihre Eltern waren, sondern auch, woher die Mutter stammt und dass sie sogar noch am Leben ist.

Ihre Adoptivmutter berührten Dagmars Fragen nach den leiblichen Eltern stets unangenehm. Erst nach dem Tod des Vaters war es Dagmar gelungen, ihr einige Erinnerungen zu entlocken und auch das immer nur häppchenweise. Ein ausführliches Gespräch, in dem sie der Mutter alle Fragen hätte stellen können, die ihr auf den Nägeln brannten, kam kein einziges Mal zustande. Die Momente, in denen die Mutter von sich aus begann, konnte Dagmar an einer Hand abzählen. Einmal erzählte ihr die Mutter, wie sehr sich sie und ihr Mann Kinder gewünscht hatten. Sie waren ein glückliches Paar, angesehen und wohlhabend, er weit gereist und gebildet, sie eine Frau mit Geschmack und Stil, doch ihr größter Wunsch blieb unerfüllt. In ihrer Verzweiflung hatte sie versucht, die Mütter in den vorbeiziehenden Flüchtlingstrecks zu überreden, ihr ein oder mehrere Kinder zumindest so lange zu überlassen, bis sie eine Bleibe gefunden hätten. Die Frauen ließen sich nicht darauf ein, was die Mutter zwar verstand, aber dennoch betrübte.

Welche Mühe es die Mutter gekostet hatte, Dagmar zu adoptieren, erzählte sie nie. Erst Jahre nach ihrem Tod hielt Dagmar die vollständigen Unterlagen in den Händen. Es grenzte an ein Wunder, dass das Archiv sie noch nicht vernichtet hatte.

Der erste Schriftwechsel stammte vom Mai 1945, als den Eltern bescheinigt wurde, das »*elternlose Kind Dagmar Schmidt, 1 ½ Jahre alt, aus dem Städt. Kinderheim in Dauerpflege genommen*« zu haben. »*Zum Bezug von Lebensmittelkarten wird diese Bescheinigung erteilt.*« Ein Jahr später hatten die Eltern einen Rechtsstreit zu befürchten. Der Leiter des Bitterfelder Kinderheims musste sich dafür verantworten, dass er den

Adoptiveltern empfohlen hatte, Dagmar einen neuen Namen zu geben. »*Den Eheleuten Schmidt wurde mitgeteilt, die Personalien würden mit Hilfe der Kindergärtnerin noch ermittelt. Die Hauptsache sei, erst mal für das Kind zu sorgen. (…) Daß eine Verschleierung behördlicherseits nicht beabsichtigt war, geht daraus hervor, dass ›elternloses‹ Kind geschrieben wurde. Die Kindergärtnerin teilte damals mit, es handele sich um Kinder bombengeschädigter und bombengetöteter Eltern. (…) Es war auf keinen Fall beabsichtigt, dem Kind einen falschen Namen beizulegen. Es war vielmehr der Wunsch der Schmidtschen Pflegeeltern, das Kind möglichst als eigenes Kind zu behalten und ihm auch den Namen zu geben. (…) Ich bitte, diese Angelegenheit nicht im schlecht gewollten Sinne aufzufassen.*«

Dagmar las in dem »Fragebogen über Kinder aus den Vereinten Nationen« – Meldebögen, mit denen Kinder erfasst wurden, deren Herkunft unklar war –, dass ihre Eltern, Sowjetrussen, vermutlich beim Bombenangriff auf Dresden ums Leben gekommen seien. Unter der Rubrik »Körperliche und geistige Entwicklung des Kindes (Krankheiten, Schulbesuch, beherrschte Sprachen)« war notiert: »*Das Kind war anfangs sehr schwach und zart, entwickelte sich aber dann durch die liebevolle Pflege der Eheleute Schmidt sehr gut und ist heute ein gesundes und munteres Kind, das mit großer Liebe an den Pflegeeltern hängt. Das Kind spricht nur deutsch. (…) Bitterfeld, den 4. Juli 1946*«

Als Dagmar den Antrag für die »*Bewilligung von 1 Paar Schuhen f. Pflegekind Dagmar Schmidt*« vom 7. Oktober 1946 sah, fiel ihr eine der wenigen Erzählungen ihrer Mutter wieder ein. Die Angaben über ihre leiblichen Eltern dagegen waren widersprüchlich, demnach war Dagmar/Alla »*Kind von russischen Eltern, die während des Krieges zur Arbeit in Deutschland verpflichtet waren. (...) Das Kind wurde als Angehörige der Vereinten Nationen der SMAD gemeldet und es muß damit gerechnet werden, dass es als solches evtl. in die Heimat zurückgeschafft wird.*«

Im April 1953 vermerkte das Jugendamt die Bitte der Mutter, die Hausbesuche einzustellen, da »*Dagmar nicht erfahren soll, das Fam. Schmidt nicht die richtigen Eltern sind. Durch die öfter wiederholten Besuche könnte das herauskommen.*«

Der Kampf mit den Behörden zog sich elf Jahre hin. So lange lebten die Eltern in permanenter Angst vor Entdeckung und den in der DDR stationierten sowjetischen Streitkräften, die die Vollmacht besessen hätten, ihnen ihr geliebtes Mädchen zu entreißen. Erst im Juli 1956 konnten die Eltern die Urkunde über die »Eintragung der Adoption in das Geburtenbuch Nr. 639/1943 des Standesamt Burg« in den Händen halten. Deshalb also die häufigen Fahrten der Mutter nach Burg!

Der Zug steht auf einem taghell erleuchteten Bahnhof. Der Halt dauert bereits eine halbe Stunde, aus- oder eingestiegen ist niemand, ein grundloser Zwischenstopp, als hätte der Lokführer Dagmars Zaudern gespürt. Kommt sie nun als Dagmar oder als Alla zu ihrer leiblichen Mutter? Ist sie zu guter Letzt doch illoyal geworden? Sie hatte die Fürsorge und Liebe der Adoptiveltern mit größter Selbstverständlichkeit hingenommen, geradezu über sich ergehen lassen. Ihre Sorgen nahm sie kaum wahr, aber welches Kind interessierte sich schließlich schon dafür? Sich zu bedanken war ihr zu Lebzeiten der Eltern nicht einmal in den Sinn gekommen. Und doch hatte sie, solange die Adoptiveltern lebten, gezögert, ihre wahren Eltern zu suchen. Sie fürchtete, den ohnehin reizbaren Vater zu verstimmen und die Mutter zu verletzen. Hatte sie, um die Adoptiveltern zu schonen, die leibliche Mutter verraten, als sie die Suche nach ihr immer wieder aufschob? War schon der Entschluss, weiter Dagmar anstatt Alla zu heißen, unverzeihlich egoistisch? Hätte nicht zuallererst der leiblichen Mutter ihre ganze Liebe gelten müssen? Aber wie sollte sie eine Mutter lieben, die sie noch nie gesehen hat?

Zwei Briefe – das ist bislang alles, was sie von ihr in den Händen hält. Seit wenigen Wochen.

Mit der Mauer fiel für Dagmar zugleich der Start-schuss für die Suche nach ihren leiblichen Eltern. Die DDR lag nicht mehr in einer anderen Welt, Burg, ihr Geburtsort, nicht mehr hinter dem Eisernen Vorhang. Zuerst hatte sie nur Bitterfeld wiedersehen wollen. Als sie vor ihrem Elternhaus stand – wie viel größer es in ihrer Erinnerung gewesen war! – entschloss sie sich, darum zu kämpfen. Es war ihr Erbe. Wie unrecht hatte sie den Adoptiveltern getan, als sie nach dem Tod der Mutter fest davon ausgegangen war, nicht die Erbin des elterlichen Vermögens zu sein. Schon nachdem der Vater gestorben war, hatte sie angenommen, dass die Eltern ihre leiblichen Verwandten oder Freunde bevor-zugen würden, da sie schließlich für Dagmar ohnehin ein Leben lang viel getan hatten. Aber weder der Vater, noch später die Mutter hatten ein Testament gemacht, für sie stand fest, dass Dagmar ihr Vermögen bekom-men sollte. Dagmar schämte sich ihres Misstrauens im Nachhinein zutiefst, hatte es sich doch als völlig unbe-gründet erwiesen.

Ihr Elternhaus wirkte verwahrlost. Es konnte nur durch den Kellereingang auf dem Hof betreten wer-den, da die Haustür zu Straße hin vernagelt war. Das einst blitzblank gebohnerte Linoleum auf den Trep-pen war löchrig und schmutzig, Putz bröckelte, es reg-nete durchs Dach. Gut, dass ihrem Vater der Anblick erspart geblieben war! Und spätestens beim Anblick des Pachtkontos hätte er die Fassung verloren. Ganze einhundert DDR-Mark wies es aus. Einhundert Mark

Adoptionsurkunde

für drei Wohnungen, die er vierunddreißig Jahre lang vermietet hatte. Die Beamten sahen keinerlei Veranlassung, den Fehlbetrag zu erklären. Dagmar durfte froh sein, dass sie mit ihr überhaupt über das Haus sprachen, schließlich konnte sie nicht einmal einen in der DDR gültigen Erbschein vorweisen. Sie beschloss zu kämpfen. Sie wollte das Haus zurückholen und in einen Zustand versetzen, den ihr Vater erwartet hätte. Das war sie ihm schuldig.

Die Eigentumsumschreibung gelang ihr schneller als gedacht. Im Archiv von Burg hatte sie dafür ihre Geburtsurkunde und die Adoptionsunterlagen beglaubigen lassen müssen. Dabei machte sie eine Entdeckung. Im Standesamt fand sich ihre Geburtsurkunde, die sogar noch einen Vermerk enthielt: Adoptiert am 2. Juli 1956.

Sie bat die Beamtin, nach weiteren Unterlagen zu suchen. Vielleicht stieß sie auch auf Spuren ihrer leiblichen Mutter? Immerhin hatte sie sie hier zur Welt gebracht. Doch so sehr sich die Standesbeamtin bemühte, es fand sich kein weiterer Hinweis. Dagmar klammerte sich an jeden Strohhalm. Sie fuhr mit Rudolf nach Jeßnitz, das auf der Geburtsurkunde erwähnt wurde. Vater: Iwan Steblewa, Arbeiter aus Jeßnitz. Sie ahnte, dass die Suche nach einem Grabstein nur geringe Aussicht auf Erfolg haben würde, dennoch inspizierten Rudolf und sie auf dem Jeßnitzer Friedhof Reihe für Reihe. Sie stießen auf namenlose Kriegsgräber, die sie nicht weiterbrachten.

Im Archiv ihrer Geburtsklinik bezweifelte die Angestellte, dass Ende 1943 überhaupt in dem Krankenhaus entbunden wurde, denn für den fraglichen Zeitraum fanden sich keinerlei Geburtsvermerke. Sie riet Dagmar, sich an das Rote Kreuz zu wenden, die Archive seien schließlich mittlerweile zugänglich. Beim Internationalen Suchdienst erfuhr sie nur, was sie ohnehin schon wusste: Dass die Mutter in Jeßnitz gewesen sein musste. Dagmar steckte in einer Sackgasse.

Dagmar rollt ihr leeres, aber noch warmes Teeglas zwischen beiden Handflächen hin und her. Sie schmunzelt. Rudolf beobachtet ihr Spiegelbild im Zugfenster. »Lass mich raten: Du denkst an die Sendung!«

Rudolf besitzt den Zugangscode zu ihrem Hirn. Selbst wenn sie etwas vor ihm verbergen wollte, würde es ihr wohl kaum gelingen. Weil er sie viel zu gut kennt, weil sie vor ihm gar kein Geheimnis haben will. Sie teilten ihr Leben vom ersten Augenblick an, ganz und gar, zwei aufgeschlagene Bücher. Dagmar haucht einen Kuss in seine Richtung.

Mit einer Fernsehsendung hatte ihr Weg nach Belgorod begonnen. Vier Tage vor ihrem Auftritt hatte sich überraschend der Internationale Suchdienst bei ihr gemeldet. Belgorod, so lautete die Auskunft, heiße der Ort, aus dem ihre Mutter stammt. Diese sei in Jeßnitz als Dienstmädchen bei Dr. Claus Weber angestellt gewesen, dessen Haushalt sie vom Mai 1943 bis zum April 1945 versorgte. Woher nahmen sie beim Suchdienst plötzlich die genauen Angaben? Vom 26. April 1945 bis 3. Mai 1945 soll die Mutter im Krankenhaus Altstadt in Magdeburg behandelt worden sein. Auch die Orte Dessau, Uchtspringe und Gardelegen wurden erwähnt.

Zwei Jahre hatte ihre Mutter demnach in Deutschland verbracht. Und offenbar war sie krank gewesen. Hatte sie tatsächlich Tbc gehabt, wie die Adoptivmutter einst behauptete?

☆☆☆

»Klara, sieh mal!« Klawdija wurde ein Baby entgegengestreckt, ein winziges Bündel, das mit geballten Fäustchen schrie. Klawdija nahm die Kleine auf den Arm und wiegte sie hin und her. Ihr Bauch war im Weg, das Kind darin strampelte schon, aber noch musste es wachsen. Eva strahlte. »Das ist Ute!« Eva, die hübscheste der drei vornehmen Weber-Töchter, war zum zweiten Mal Mutter geworden. Ihr Mann, Utes Vater, war »im Feld«, Eva mit Wolfgang, ihrem Erstgeborenen, aus Berlin in die Villa nach Jeßnitz zurückgekehrt, um hier, in Sicherheit vor den Bombenangriffen auf die Reichshauptstadt, ihr Kind zur Welt zu bringen. Die kleine Ute hatte Dr. Weber zum zweifachen Großvater gemacht. Klawdija sagte das russische Wort zu ihm: Djeduschka. Das gefiel ihnen. Djeduschka Claus.

Das Neugeborene hielt Klawdija in Atem. Was für ein Glückspilz, wie sehr die Kleine vom ersten Moment an geliebt wurde!

Und dann war es endlich bei ihr so weit. Sie wurde zum Zug gebracht, der nach Burg fuhr. Die Entbindung verlief ohne Komplikationen. Als sie in der Klinik gefragt wurde, welchen Namen sie ihrer Tochter

geben wollte, zögerte Klawdija keine Sekunde: Alla.
»Und Sie? Ihr Name?« Klawdija verstand nicht. »Sie,
die Mutter, wie heißen Sie?« Endlich begriff sie. »Klawdija Steblewa.« »Und der Vater?« »Iwan«. Der Mann
schrieb, fragte nicht: Iwan und wie weiter? Als Klawdija
die Geburtsurkunde in den Händen hielt, las sie unter
der Rubrik Eltern: Klawdija Steblewa, Iwan Steblewa.
Religion: katholisch. Iwan würde Augen machen! Statt
russisch-orthodox war er nun zum Katholiken geworden und sein Nachname war nicht nur ein völlig
anderer, sondern auch noch der einer Frau.

Sie wurde entlassen. Zuvor drückte ihr eine Schwester ein paar Lappen für das Neugeborene in die Hand,
als sie sah, dass Klawdija keinerlei Aussteuer für das
Kind besaß. Sie hüllte ihr winziges Mädchen in die
alten Tücher und überlegte, was sie nun tun sollte.
Wohin mit ihr, wohin mit der Kleinen? Allein konnte
sie zu den Webers jederzeit zurück, aber nicht mit dem
Kind, das hatten sie ihr zu verstehen gegeben, als sie
ihr das Fahrgeld zur Klinik in die Hand zählten. Klawdija wusste sich keinen anderen Rat, als es dennoch zu
versuchen. Sie stieg in die Bahn nach Jeßnitz. Sollten
sie ihr doch die Tür weisen.

Als sie mit dem Kind im Arm auf der Schwelle der Villa
stand, öffnete der kleine Wolfgang. »Noch ein Baby? Ist
das deins?« Sie tat, als verstünde sie den Jungen nicht,
dabei hatte sie ihm in ihrem seltsamen Mischmasch
aus Deutsch und Russisch mittags und abends vor dem

Schlafengehen am Bettchen Geschichten erzählt, denen Wolfgang fasziniert lauschte. Klawdija huschte wortlos an dem Fünfjährigen vorbei, nahm in großen Schritten die Treppe in den dritten Stock, Richtung Dachboden. Wenig später schoben sich Martha Weber und ihre Töchter in ihre Kammer. Sie schauten zu, wie Klawdija ihr Neugeborenes aus den Lumpen schälte, reichten ihr schweigend Windeln und Strampler. Gespannt verfolgten sie, wie Klawdija Allas Beinchen und Ärmchen fest an den winzigen Körper wickelte, so wie sie es bei ihrer Mutter gesehen hatte. Martha Weber schob sie mit gespielter Entrüstung zur Seite und packte den Säugling wieder aus. Sie zeigte Klawdija, wie man Kinder in Deutschland windelte. Klawdija schüttelte den Kopf. Nein, sie blieb dabei: Ihre Tochter würde nach russischer Art gewickelt.

Im Hause Weber wetteiferten nun zwei kleine Mädchen um die Aufmerksamkeit der Frauen. Unten weinte Ute, oben Alla. In jeder freien Minute sah Klawdija nach ihrer Kleinen in der Kammer unter dem Dach. Sie stillte sie und freute sich auf die Nacht, wenn sie sich eng an ihr Mädchen kuscheln konnte. Endlich war sie nicht mehr allein.

Für Evas Baby gab es einen Kinderwagen und von Zeit zu Zeit wurde Klawdija beauftragt, Ute spazieren zu fahren. Wenn Eva außer Sichtweite war, legte sie ihre kleine Alla dazu.

Wenn Maria sie begleitete, erfuhr sie den Tratsch aus der russischen Gemeinde, wer zu den Tanzabenden

Ute im Kinderwagen

kam, wen sie lange nicht mehr gesehen, wer die Flucht gewagt hatte.

Ein Name fiel neuerdings häufiger: Wassja. Maria hatte ihr Herz rettungslos verloren. Wassja sei die Liebe ihres Lebens, der einzige und bislang erste Mann.

Klawdija war fassungslos über Marias Unerfahrenheit! Die Freundin war schwanger und konnte sich nicht erklären warum. »Aber ich habe doch nicht mit ihm geschlafen!« Ausgerechnet die sonst so kluge Maria dachte anscheinend allen Ernstes, dass sie dafür mit

Wassja im Bett liegen und einen Acht-Stunden-Schlaf absolvieren musste. Noch Jahrzehnte später musste Klawdija bei dem Gedanken an Marias Geständnis an sich halten, um nicht laut loszuprusten.

Nach Allas Geburt verlor Klawdija rapide an Gewicht. Der Haushalt, das Stillen und ein unaufhörlicher Husten zehrten an ihr.

Dr. Weber befahl ihr, Allas Geburtsurkunde zu holen und das Kind in ein Kissen zu packen. Als Klawdija mit Alla zurückkam, stand Dr. Weber bereits an der Haustür, neben ihm die Waschfrau im Mantel. »Klara, zieh dich an! Ihr geht nach Wolfen!«, befahl er.

Die Waschfrau sagte nicht, was das bedeutete. Irgendwann klopfte sie an ein Tor. Eine Krankenschwester erschien.

»Sie kommen von Dr. Weber?«

Die Waschfrau nickte.

»Ich brauche die Geburtsurkunde.«

Die Waschfrau gab ihr das Dokument. Die Schwester las: »Alla Steblewa. Neun Monate alt. Gut. Geben Sie her!«

Die Waschfrau nahm Klawdija ihre Tochter aus dem Arm und überreichte das Kind der fremden Frau. Klawdija protestierte, riss der Schwester das Kind aus dem Arm und schaute verständnislos die Waschfrau wie auch die Krankenpflegerin an. Die verschwand kurz und kehrte mit Verstärkung zurück. Eine junge Russin – ebenfalls in Schwesterntracht – erklärte

Klawdija, dass sie ihr Kind hier abgeben müsse. Sie dürfe Alla weiter sehen, aber nicht jeden Tag, nur einmal pro Woche, immer sonntags. Klawdija war untröstlich. Sie nahm der Schwester das Versprechen ab, sooft wie möglich mit ihrem Töchterchen Russisch zu reden. »Damit sie ihre Mutter später noch versteht.«

Niedergeschlagen verrichtete Klawdija die Hausarbeit, trotz ihrer ruhigeren Nächte erholte sie sich nicht. Schweißgebadet wachte sie nachts auf und fühlte sich am Morgen schwach und kraftlos. Weil sie so plötzlich nicht mehr stillte, schmerzten ihre vollen Brüste, die Milch floss in die Kleider.

Der Husten wurde stärker, Frau Weber ließ sie nicht mehr in die Küche. »Fort von den Töpfen, du steckst uns noch alle an!«

Dr. Webers Diagnose nach seiner Untersuchung verstand Klawdija auch ohne Übersetzung: Tuberkulose.

Der Arzt handelte rasch. Klawdija musste unverzüglich die Villa verlassen. Eine Tbc-Kranke in seinem Haushalt, noch dazu eine Russin, konnte er sich nicht leisten. Er riskierte nicht nur seine Stellung als Sanitätsrat, sondern handelte sich womöglich noch den Vorwurf der Sabotage ein, wenn erst einmal jemand auf den Gedanken käme, er achte nicht sorgsam genug auf die Volksgesundheit.

Weber schickte Klawdija zum Städtischen Krankenhaus in Dessau. Mit ihrem Koffer, in dem sich ihre wenigen Habseligkeiten befanden, machte sie sich zu Fuß auf den zwanzig Kilometer langen Weg. Sie musste erst die Landstraße mit dem Kopfsteinpflaster nehmen und sich dann an der Autobahn orientieren, die direkt bis nach Dessau führte. Tatsächlich erreichte sie irgendwann die Stadt, die von mehr als einem Dutzend Bombenangriffen schwer gezeichnet war. In den Häusern klafften große Löcher, weggesprengte Fassaden gaben den Blick frei in Esszimmer und Wohnküchen, auf den Straßen türmten sich Berge von Schutt, aus denen zersplitterte Balken ragten.

Ihr kam eine lange Zweierreihe uniformierter Jungen entgegen. Alle trugen knappe kurze Hosen und einheitliche Halstücher. Sie hatten Schaufeln geschultert. Ein paar Häuser weiter schippten Männer mit freien Oberkörpern Trümmerteile von der Fahrbahn.

Nach einem Bombenangriff auf Dessau

Frauen sortierten Steine und schichteten auf dem Bürgersteig die brauchbaren zu akkuraten Stapeln auf. Wer es bis jetzt nicht geglaubt hatte: Dies war der Beweis für deutsche Gründlichkeit und Ordnung! Sie machen noch nicht einmal im Krieg Abstriche, dachte Klawdija. Auf einem Dach sah sie junge Mädchen, die vorsichtig heil gebliebene Schindeln nach unten reichten.

Hitlerjungen bei Aufräumarbeiten in Dessau

Immer wieder wich Klawdija großen Bombenkratern auf der Straße aus. Unmittelbar vor den zerstörten Geschäften boten Händler ihre Waren direkt aus Holzkisten und Weidenkörben feil.

Die Baracke, die für die Tbc-kranken Zwangsarbeiter vorgesehen war, verdiente wahrlich nicht die Bezeichnung Krankenhaus. Zusammengepfercht saßen die Frauen, meist Russinnen oder Polinnen, auf den Etagenbetten. Sie wurden nicht untersucht, geschweige denn behandelt. Die Essensrationen, bestehend aus Wassersuppe und trockenem Brot, eigneten sich als Kost für Häftlinge, deren Tod in Kauf genommen wurde, aber nicht für Patienten, die gesund werden sollten. Klawdija freundete sich mit einigen Frauen, ihren Pritschennachbarinnen, an. Als sie einer von ihrer Tochter erzählte, erntete sie ungläubiges Staunen. Klawdija erfuhr, dass Ostarbeiterinnen zu Abtreibungen gezwungen worden waren. Wenn es dafür zu spät war, nahm man ihnen die Neugeborenen ab unter dem Vorwand, sie in einem Heim aufzuziehen, wo deutsche »Säuglingsschwestern« die Kleinen in der Regel verhungern ließen. Derart in Sorge versetzt überlegte Klawdija fieberhaft, wie sie zu Alla gelangen könnte. Mit ihrem OST-Abzeichen an der Jacke war ein Fußmarsch nach Wolfen ein kreuzgefährliches Unterfangen. Sie riskierte es trotzdem. In den Fluren des Kinderheims hielt sie Ausschau nach der russischen Schwester und als hätte die nur auf

Klawdija gewartet, erschien sie schon. Wenig später wiegte Klawdija ihr Töchterchen im Arm. Bis zum Schichtwechsel dauerte ihre Zweisamkeit. Dies sei kein Heim für Zwangsarbeiterkinder, beruhigte die Schwester Klawdija, die Kleine sei hier nicht schlecht aufgehoben.

»Aber sie ist kaum gewachsen!«

»Das ist normal, wenn so plötzlich abgestillt wird. Keine Angst, Ihre Tochter hat Kraft! Sie wird sich gut entwickeln.«

Je mehr Klawdija von den Frauen in der Tbc-Baracke erfuhr, desto mehr wusste sie zu schätzen, wie gut sie es letztlich noch getroffen hatte. Begierig saugten die isolierten Kranken alle Informationen auf, die sie bekommen konnten. In der Gerüchteküche brodelte es. Was konnte Klawdija glauben, was nicht? Vieles klang zu grausam, um wahr zu sein. Hier, so hörte sie, wurde in einem Betrieb mit dem harmlosen Namen »Dessauer Werke für Zucker und chemische Industrie« ein Gift hergestellt, mit dem die Nazis Menschen in Todesfabriken umbrachten: Zyklon B. Mit dem Gift sollen Menschen in Kammern, die wie Duschräume aussahen, vergast worden sein.

Klawdija erinnerte sich an die panische Angst mancher Frauen, als sie sich in Wolfen ausziehen mussten. Hatten sie davon gewusst, waren sie deshalb zu Tode entsetzt, weil sie das Ausziehen für den Anfang vom Ende hielten? Stimmte es, dass die industrielle Menschenvernichtung mit Farbfilmen aus Wolfen fotografiert wurde?

Im Sanitätszug nach Deutschland hatte Mascha Goethe zitiert. Klawdija kannte die Gedichte nicht, aber sie gefielen ihr sehr. Auch eins von Heinrich Heine konnte Maria auswendig. Maria war im Gegensatz zu ihr gebildet, hatte in der Schule Deutsch gelernt. Nur, verstand sie damit das deutsche Volk auch besser? Aber wer war schon das Volk, das deutsche, das russische? Die Webers zählten zum deutschen Volk, keine Frage. Und das russische? War Stalin ein Mann ihres Volkes? Zum russischen gehörte er als Georgier sowieso nicht. Aber würde jemand allen Ernstes behaupten wollen, dass er zum sowjetischen Volk gehörte? Hätte jemand Klawdija gefragt, sie hätte Stalin ins ewige Eis jenseits des Nördlichen Polarkreises geschickt.

Wieder und wieder wurden die Junkerswerke angegriffen. Einige Frauen in der Tbc-Baracke hatten selbst in dieser Rüstungsfabrik gearbeitet, sie sorgten sich um ihre Leidensgenossinnen dort. Die dicken schwarzen Rauchschwaden über dem Werk waren kilometerweit zu sehen und riefen bei den Tuberkulosekranken schlimme Erinnerungen wach. Bei den vielen Angriffen zuvor waren die deutschen Arbeiter, wenn die Sirenen losgingen, sofort in Bunker geflohen, den Ostarbeitern wurden die Keller verwehrt. Später durften nicht einmal die Deutschen gleich beim ersten Alarm Schutz

Betriebsgelände der Dessauer Zuckerraffinerie nach Bombenangriff
vom 28. Mai 1944

Blick vom Rathaus auf die brennenden Industrieanlagen im Westteil
der Stadt Dessau nach Bombenangriff vom 30. Mai 1944

suchen. Mit Trillerpfeifen wurden sie von den Vorarbeitern an ihre Arbeitsplätze zurückkommandiert. In die Luftschutzbunker durfte sich die Belegschaft erst dann flüchten, wenn die Bomben unmittelbar in der Nähe einschlugen.

Das Jahr 1944 neigte sich dem Ende zu. An Allas Geburtstag war Klawdija krank vor Sehnsucht nach ihrer Tochter. Der Kummer hatte ihr jede Hoffnung geraubt. Die Frauen versuchten sie zu trösten, Meldungen von der näher rückenden Roten Armee machten die Runde, daraus schöpften sie neuen Mut. Bis in den Herbst hatte es Luftangriffe gegeben, seitdem herrschte Ruhe.

Umso schwerer traf es die Stadt am 16. Januar 1945, gemeinsam mit Magdeburg und Bitterfeld, dort, wo Tausende ihrer Landsleute arbeiteten. Klawdija erinnerte sich an die Worte des Bruders, der ihr erzählt hatte, dass das Lager »Marie« zwischen Wolfen und dem Stadtrand von Bitterfeld lag. Das Säuglingsheim befand sich in Wolfen! Was war mit Alla, lebte sie noch?

Die Verwirrung nahm zu. Im Osten sollten die russischen Soldaten im Vormarsch sein, die Nachrichten von Bombardements durch Briten und Amerikaner häuften sich.

Von Dresden hieß es, es sei am 13. und 14. Februar in einer Feuersbrunst dem Erdboden gleichgemacht worden, wenige Tage später, am 25. Februar, Augsburg, das lag im Westen. Am 5. März Chemnitz im Osten. Es war kein Plan erkennbar, nach dem die Alliierten vorgingen.

Nicht mehr nur Rüstungsbetriebe waren jetzt die Ziele, sondern auch Großstädte, also war auch Dessau gefährdet. Die Frauen ahnten, was das bedeutete. Zwar wünschten sie von Herzen, dass von Deutschland nicht mehr übrig bliebe als von ihrer Heimat, aber noch konnte es sie selbst treffen.

Klawdija hatte ihre Tochter seit Wochen nicht besuchen können. Um Alla sorgte sie sich weit mehr als um ihr eigenes Leben. Sie hatte jetzt Verantwortung, was sollte aus ihrem Kind werden, wenn sie selbst im Bombenhagel ums Leben kam?

Das Jahr 1945 hatte kalt begonnen, aber fast ohne Schnee. Die Tage wurden länger, hin und wieder brach die Märzsonne durch den Winterhimmel. Klawdija verstand nicht, warum die Rote Armee nicht schneller vorrückte.

Der 7. März 1945 ließ den Frühling erahnen. Ein Dienstag. Um kurz nach 20 Uhr heulten die Sirenen in ihrem gefürchteten auf- und abschwellenden Ton. Dann war wieder alles ruhig. Ein Fehlalarm? Oder Voralarm?

Gegen 22 Uhr setzten die Sirenen erneut ein. Klawdija entdeckte am Himmel nichts als dicke Wolken. Keinerlei Gefahr in Sicht. Doch die Sirenen verstummten keine Sekunde. Plötzlich wurde es taghell. »Jolkas!«, schrie eine Frau. Grelle Lichterkerzen, in der Form von Weihnachtsbäumen, fielen über der gesamten Stadt nieder. Diese »Christbäume« galten als unheilvolle Vorboten, sie leiteten schwerste Bombenangriffe ein, denn sie erhellten den Piloten die Abwurffelder. Grüne und rote Leuchtkugeln markierten zudem die exakten Zielpunkte, über denen die Flieger die Bomben ausklinken sollten. Klawdija behielt den Himmel fest im Blick. Jetzt hörte sie nicht mehr nur die sich nähernden Bomber, nun sah sie sie auch.

Die Wolkendecke war aufgerissen, geschwaderweise kreuzten Flugzeuge am Nachthimmel. Panik ergriff die Frauen. Sie schauten sich nach Deckung um, erkannten verzweifelt, dass es für sie keine gab. Ringsherum schlugen Bomben ein. Die Erde erzitterte unter der Wucht der Explosionen, ohrenbetäubendes Krachen, wenn die tonnenschweren Minen die Häuser trafen. Klawdija hatte sich zu Boden geworfen, den Blick angestrengt nach oben gerichtet. Der Himmel leuchtete feuerrot, angestrahlt von einem riesigen Flammenmeer. Die ganze Stadt musste ein einziger Brandteppich sein. In diesem Augenblick wurde sie durch die Luft geschleudert. Eine Bombe hatte ihre Baracke getroffen, das Dach war fort, die Holzwände brannten lichterloh. Schreiende Gestalten versuchten, dem Feuer zu entfliehen. Einige ihrer Kameradinnen standen in Flammen, waren zu lebenden Fackeln geworden und rannten auf sie zu. Einige warfen sich hin, versuchten, die brennenden Kleider mit ihren Körpern zu ersticken. Neben Klawdija landeten lodernde Trümmerteile. In rasender Angst sprang sie auf, über den eingestürzten brennenden Lagerzaun hinweg hinaus auf die Straße. Nur fort vom Feuer, weg von diesem Inferno.

Immer neue Flugzeuge dröhnten heran, die Motoren brummten direkt über ihrem Kopf, Druckwellen von Detonationen hoben Klawdija vom Pflaster, Menschen, in tropfnasse Decken gehüllt, kamen ihr entgegen, wateten durch die Lachen der geborstenen Wasserleitungen.

Ringsherum tobte ein Höllenlärm. Am Himmel hunderte von Flugzeugen, die ihre tödliche Ladung über der Stadt verteilten. Die Bomben zerschmetterten alles unter sich und setzten alles in Brand. Die Flammen fraßen sich mit aggressivem Knistern durch die Straßen, brachten Balken zum Einsturz. Klawdija lief bis sie sah, dass der Feuersturm die Richtung wechselte, weg von ihr. Sie verschnaufte. Die Stadt war taghell. Umherirrende Gestalten schienen sich in Zeitlupe wie Gespenster durch die Straßen zu schieben.

Dann trat Stille ein. Eine entsetzliche Ruhe. Unten tonlos flackernde Feuer, oben der klare Himmel, kein Flieger, keine Wolke mehr weit und breit. Klawdijas Finger tasteten in ihrer Tasche nach dem Zettelchen. Im Schein der Flammen sprach sie das Gebet. Laut, langsam, Wort für Wort. Danke, gütiger Gott, Herr, du Allmächtiger.

Klawdija suchte in den brennenden Straßen das Krankenlager. Ihr Koffer mit den Fotos war dort, die Bilder von ihren Eltern, von Iwan, die Fotografie mit Maria zusammen.

Sie hatte jede Orientierung verloren. Eingestürzt und zu Trümmerhaufen zerfallen waren die Häuser nicht mehr zu unterscheiden. Sie sah, wie Leichen unter Steinen hervorgezogen und Verletzte in Decken gewickelt wurden und nicht einmal die kurzen Wege zu den Sammelpunkten überstanden. Ein wie von Sinnen brüllender Mann kam ihr entgegen. Mit irrem Blick starrte er ihr ins Gesicht und schrie: »Meine Frau, meine Kinder.« Sie wich ihm aus, hielt sich so gut es ging in der Mitte der Straße, denn aus den Fenstern der brennenden Häuser konnten urplötzlich langzüngige Flammen herausschießen. Wie bei wütenden feuerspeienden Drachen. Die heiße Luft stank nach verbranntem Fleisch.

Blindgänger steckten im Boden, kopfüber wie Riesenzecken im Hundefell, tausendfach gefährlicher. Tickende Zeitbomben, unvorhersagbar, wann sie ihre Todesladung versprengen würden.

Dicht an den Häuserwänden kamen Schuttberge in Bewegung, wenn sich Menschen hervorwühlten, die in den Kellern Schutz gesucht hatten. Fassungslos blickten sie auf die brennende Trümmerwüste. Klawdija stolperte über eine Kinderleiche, nicht weit von ihr entfernt lag die halb verkohlte Mutter, das Gesicht zum Himmel gerichtet. Klawdija strauchelte durch die

Der Feuerschein der brennenden Stadt Dessau in der Nacht
vom 7. zum 8. März 1945

Nacht und sehnte sich nach nichts so sehr wie nach
einer vertrauten Stimme. In ihrer Verzweiflung über-
wand sie ihre Angst, Deutsche anzusprechen. Sie bat
eine Frau, auf ihr Ostarbeiter-Schild zeigend, um Auskunft, doch die sah durch Klawdija hindurch. Nach
mehreren Versuchen bekam sie von jemandem Auskunft und gelangte schließlich dorthin, wo einmal das
Lager gestanden hatte. Aus der Baracke loderte es noch
immer, in sicherer Entfernung hockte ein Grüppchen
Frauen auf dem blanken Boden, obwohl sie nun niemand mehr bewachte. Doch wohin sollten sie in diesem Flammenmeer?

Alle waren erschöpft und erst als sich Klawdija zu
ihnen gesetzt hatte, bemerkte sie die aufgereihten Lei-

chen. Sie fand kaum die Kraft, um noch einmal aufzustehen und von den Kameradinnen Abschied zu
nehmen, aber zumindest das war sie ihnen schuldig,
immerhin hatte sie überlebt.

Noch ehe sie sich vor jedem Opfer verneigt hatte,
heulten erneut die Sirenen. Es war weit nach ein Uhr.
Wieder ließen die Frauen den Himmel nicht aus dem
Blick. Er leuchtete glutrot, angestrahlt von dem Flammenmeer. Kein Flugzeug in Sicht.

Der neue Tag drang nur mit Mühe durch die Dunst-
glocke aus Asche und Staub. Niemand kümmerte sich
um die Zwangsarbeiter aus den Krankenbaracken, die
Deutschen hatten mit sich selbst zu tun, zogen aus den
Trümmern, was sich verwenden ließ. Ihnen begegneten
mit riesigen Säcken beladene Gestalten. Klawdija irrte
mit einigen Frauen in der Stadt umher. Als sie sich in
die Schlangen vor den Suppenküchen einreihen wollten, erwachte der Futterneid. Die Deutschen jagten die
Frauen in Sträflingskleidung unter wütendem Schimpfen davon.

Klawdija stahl einem achtlosen Händler ein paar
Zwiebeln und hielt Ausschau nach einer unbewachten
Leiche. Sie brauchte andere Kleidung, mit dem OST-
Aufnäher fiel sie zu sehr auf.

Entmutigt kehrte sie zum Krankenlager zurück.
Wenn überhaupt gab es nur hier eine Chance auf Ver-
sorgung. Und tatsächlich erbarmte sich jemand der
Ostarbeiterinnen und ließ Suppe austeilen.

Die wenigen Überlebenden wurden nach Magde-

Blick über Trümmerberge der zerstörten Innenstadt zur Stadt- und Schlosskirche St. Marien nach dem 28. Mai 1944

burg gebracht, wieder in ein Krankenlager, wo die Neuankömmlinge sogar geröntgt wurden. Der Arzt stellte bei Klawdija Schatten auf beiden Lungenflügeln fest. »Such euren Sammelpunkt, fahr nach Hause! Noch mehr Kranke brauchen wir nicht, wir haben selbst genug«, meinte er. Klawdija knurrte der Magen, ihr war schwindelig, weil sie seit Tagen keine richtige Mahlzeit bekommen hatte. Sie wollte nicht sterben wie ihre Schwester! 1933, während der Hungersnot ausgerechnet in der Kornkammer der Sowjetunion, der Ukraine, war sie vor ihren Augen zusammengebrochen und nicht wieder aufgestanden, wie so viele damals auf den Straßen. Die alten Bilder mischten sich mit dem gegenwärtigen Kriegselend in Deutschland. Sie wollte fort. Was sollte sie in diesem Magdeburg, das nicht weniger zerstört war als Dessau und von Wolfen noch weiter entfernt lag? Sie machte sich auf den Weg, entschlossen, ihre Tochter zu holen und nicht wieder herzugeben.

Eine Ostarbeiterin mehr oder weniger im Lager, ein Flüchtling mehr oder weniger in den langen Trecks fiel im allgemeinen Chaos nicht auf. Als sie auf Eisenbahngleise stieß, fragte sie jemanden, wohin die Gleise führten. »Nach Dessau«, hieß es. Dessau war nicht weit entfernt von Jeßnitz. Ihr Ziel vor Augen lief sie los. Auf einem Stückchen Strecke verkehrte sogar ein Zug, sie sprang auf. Die nächsten Kilometer an den zerstörten Schienensträngen entlang schaffte sie nur dank der Pralinen, die sie aus einem bombardierten Güterwaggon stahl. Sie nahm so viele Schachteln, wie sie tragen konnte und lebte fortan von Schokolade. Fast pflaumengroße Bohnen gefüllt mit einer braunen Creme. Wahrlich sehr viel besser als nichts! Genau eine Pralinenschachtel hatte sie noch übrig, als sie Tage später vor der Jeßnitzer Villa stand. Als Martha auf ihr

Klingeln öffnete, überreichte sie die Pralinen wie ein eigens besorgtes Präsent.

»Klara, wie siehst du denn aus!« Frau Weber schickte Klawdija ins Bad. Eva holte ihr frische Sachen und als Klawdija sauber und gekämmt in die Küche zurückkehrte, stand für sie ein Teller gekochter Kartoffeln mit Butterflöckchen auf dem Tisch. Doch keine der Frauen setzte sich zu ihr. Klawdija aß und Martha tat geschäftig. Wie immer wischte sie sich ihre nassen Küchenhände an ihrem Kleid ab und wie früher tadelte Klawdija sie dafür: »Feine Dame nicht tun!« Die alte Vertrautheit wollte trotzdem nicht mehr aufkommen. Denn die wichtigste Frage, wo sich ihre kleine Alla befand, konnte ihr Martha Weber nicht beantworten und sie war, ganz gegen ihr ansonsten so fröhliches Naturell, ungewöhnlich nervös. Ständig fuhr sie sich über ihr in Wellen gelegtes Haar, nestelte an dem Knoten im Nacken und trat immer wieder vorsichtig ans Fenster. Durch einen winzigen Spalt, den die nicht ganz zugezogene Gardine frei ließ, spähte sie auf den Hof. Als wappne sie sich gegen unangenehmen Besuch. Schließlich rückte sie mit der Sprache heraus: Die Rote Armee sei im Anmarsch, sie müsse jeden Augenblick die Elbe überqueren. Webers hatten Angst und erwarteten zusätzlichen Ärger, wenn die Soldaten Klawdija sähen. Webers konnten Klawdija gerade jetzt wirklich nicht in ihrem Hause gebrauchen. Martha versuchte, Klawdija die Situation zu erklären: Sie redete von der Sowjetarmee, die als Sieger käme und dass Klawdija nun keine Dienerin mehr sein dürfe. Klawdija verstand, dass sie die Webers in Gefahr brachte und verschwinden musste. Eva sammelte ein paar Babysachen zusammen, Klawdija erhielt Marschverpflegung und einen Mantel. »Geh zu eurem Sammelpunkt, dort triffst du deine Leute«, befahl ihr Claus Weber, während er ihr ein paar Geldscheine und das Foto mit Maria zusteckte. Die treue Seele hatte sich von den Webers verabschiedet und das Bild mit einem Gruß an Klawdija dagelassen. »Zur Erinnerung an Deine Mascha, Glück und Gesundheit Dir und Deiner Allotschka. Lebt wohl!« Wo sie jetzt steckte, konnten die Webers nicht sagen, auch nicht, ob sie inzwischen ihr Kind bekommen hatte. Wahrscheinlich noch nicht, denn dann hätte sie zumindest zwischen den Zeilen eine Andeutung gemacht. Klawdija fand sich auf der Straße wieder. Webers hatten ihr geholfen, aber nun musste sie sehen, wie sie allein zurechtkam. Ein Dach über dem Kopf gab es für Klawdija in diesem Haus nicht mehr.

Tagelang suchte Klawdija ihre Tochter. Jeßnitz und Wolfen waren vom Krieg verschont geblieben, aber Klawdija verlief sich. Als sie schließlich im Kinderheim ankam, war es geräumt, die russische Pflegerin fort. Klawdia erfuhr, dass die Station evakuiert worden war. Aber wohin? Die nächste Spur führte nach Zörbig. Sie machte sich auf den Weg zu dem Ort, den sie nie zuvor gesehen hatte. Als sie endlich den Kinder-

Klawdija (links) und ihre Freundin Maria, aufgenommen 1943 in Jeßnitz

garten fand, gab man ihr zu verstehen, dass vor wenigen Tagen tatsächlich Kinder gebracht und kurz darauf wieder abgeholt worden seien. Sie solle es in Bitterfeld versuchen. Klawdija lief, solange sie die Füße trugen. Sie schlief im Freien, traf mehr und mehr Landsleute, die wie sie umherirrten. Wollten die sich nach Hause durchschlagen? Allein, zu Fuß bis nach Russland? Was für ein Gedanke! Ohne Alla würde Klawdija ohnehin nirgendwohin gehen, nicht einmal nach Hause.

Wieder kam sie in Wolfen an. An den Werksgebäuden hingen dort, wo vorher noch weiß-rot-schwarze Hakenkreuzflaggen flatterten, weiße Tücher. Der Betrieb ruhte, die Pförtnerhäuschen standen offen, jeder, der wollte, spazierte ins Werk hinein oder heraus. In den Baracken der Zwangsarbeiter traf Klawdija Landsleute. Sie fragte nach Iwan, doch niemand konnte ihr

Auskunft geben. Warum hatte er nicht auf sie gewartet? Hatte er plötzlich Angst bekommen, sich eine Tbc-kranke Frau aufzubürden, dazu ein Kind? Oder war er genau wie sie auf der Suche? Immerhin hatte er Klawdija schon einmal gefunden. Klawdija glaubte nicht daran. Ihr Techtelmechtel war zwar mehr als nur Zeitvertreib gewesen, aber die große Liebe? Sie musste gestehen, dass sie eher den Vater für Alla vermisste, denn den Geliebten. Er war ein netter Kerl, keine Frage, doch kein Vergleich zu Anton! Ihr Anton. Wie lange hatte sie nicht mehr an ihn gedacht.

Wer wusste, was ihm alles erspart geblieben war, wenn er wirklich schon tot war. Was hielt das Leben schon bereit? Liebe gab es wohl nur ausnahmsweise, wie sie an Iwan sah. Wenn er sie nicht wollte – bitte schön! Sie brauchte ihn nicht. Sie hatte den Krieg überstanden, sie würde auch ohne ihn zurechtkommen.

Klawdija konnte nicht länger die Klagen ihrer ratlosen Landsleute ertragen, die nicht wussten, was aus ihnen werden sollte, unsicher waren, ob der Krieg nun vorbei oder dies die Ruhe vor dem Sturm war. Jede noch so kleine Neuigkeit verbreitete sich wie ein Lauffeuer. Gerade als sie sich wieder auf den Weg machen wollte, hieß es, die Amerikaner hätten die FLAK-Kaserne besetzt, von wo aus früher der Luftraum über der Filmfabrik und andere Betriebe der IG-Farben gesichert wurde. Niemand konnte sich einen Reim darauf machen. Bedeutete dies Befreiung, Schutz oder Angriff?

Zunächst nichts von alledem. Bis wenige Tage später die getürmten NSDAP-Anhänger den Volkssturm zusammentrommelten und bewaffnet durch die Straßen zogen. Sie postierten sich vor den Werkspforten, um die Fabrik vor der Einnahme zu schützen und die Reaktion folgte prompt. Amerikanische Militärfahrzeuge rollten aus der Kaserne an den Zwangsarbeiter-Baracken vorbei in Richtung Thalheim und brachten sich direkt vor der Fabrik in Stellung. Aus vollen Rohren nahm die Artillerie das Werk unter Beschuss, bevorzugtes Ziel waren die Zwillingsschornsteine. Tiefflieger nahmen die Gleise der Industriebahn ins Visier und trafen einen mit Munition beladenen Waggon.

Die Betriebshallen standen in Flammen, denn die Teerpappe auf den Dächern brannte wie Zunder. Erst nach zwei Tagen gaben die »Helden« des Volkssturms auf und die Amerikaner zogen sich wieder in die Kaserne zurück.

Wieder rührten sie sich nicht, auch dann nicht, als ein allgemeines Chaos ausbrach. In der Fabrik gebärdete sich die Belegschaft wie verrückt. Brutale Vorarbeiter, die die Ausländer ohne Erbarmen getriezt hatten, bekamen jetzt ihre Abreibung. Deutsche und Zwangsarbeiter lieferten sich in den Werkhallen Schlachten um alles Verwertbare. Die Stunde der Rächer und Plünderer war gekommen. Was nicht niet- und nagelfest war, wurde fortgetragen. Die Amerikaner schauten zu und waren aus unerfindlichen Gründen nicht gewillt, dem entfesselten Treiben Einhalt zu gebieten.

Nach dem FLAK-Angriff am 18. und 19. April 1945 zerstörte und aus-
geraubte Werkhallen der Filmfabrik

Klawdija verstand die Welt nicht mehr. Warum ver-
teidigten die Sieger nicht ihren neuen Besitz?

Sie setzte ihre Suche fort. Im Kinderheim von Bitterfeld schüttelten die Betreuerinnen wieder nur bedau-
ernd die Köpfe. Ob sie es schon in Wolfen oder Zörbig
versucht hätte?

✩✩✩

Nach der Fernsehsendung bekam Dagmar viele Briefe.
Hinweise, Hilfsangebote, die Telefonnummer der Familie Weber in Jeßnitz. Als sie sich ein Herz fasste und
anrief, wusste Eva, die den Hörer abhob, sofort, mit
wem sie zu tun hatte. »Dass Sie am Leben sind!« Weder

Eva noch ihre Schwester Irmgard machte Anstalten, Dagmar von sich aus einzuladen. Sie beantworteten zwar ihre Fragen, wenn sie anrief, doch auf die Idee, ihr das Haus zu zeigen, in dem Dagmar und die Mutter ihre einzige gemeinsame Zeit miteinander verbracht hatten, kamen sie von selbst nicht. Als Dagmar darum bat, willigten sie zögerlich ein. Bei dem Besuch erzählten sie, wie erstaunt sie waren, dass Klawdijas Kind den Krieg überstanden und sein bisheriges Leben in Deutschland verbracht hatte. Die etwas steifen Weber-Töchter führten Dagmar durch die Villa, die jetzt die Enkelin Ute bewohnte. »Wir haben ein Dreivierteljahr zusammen in diesem Haus gewohnt«, sagte Ute, »ich bin nur wenige Monate älter als Sie.«

Eva machte Halt vor einer massiven Anrichte. »Die hat Ihre Mutter immer poliert. Was für ein liebes Mädchen, ruhig und bescheiden und immer verlässlich.« Dagmar beneidete die beiden. Sie kannten ihre Mutter. Sie dagegen … Wie sah die Mutter aus? Wer war sie? Die Schwestern gaben sich alle Mühe, doch ihre Beschreibungen drückten nicht das aus, was Dagmar eigentlich wissen wollte.

✰✰✰

»Klara, Klawa oder Slawa, sie wussten ja nicht einmal, wie sie geheißen hat«, nörgelt Dagmar, gerade eben so laut, um das Geratter des Zuges zu übertönen, der wieder Fahrt aufgenommen hat. Rudolf geht darüber hinweg: »Morgen früh kannst du sie alles selbst fragen.«

Vielleicht lernen sie auch die Frau kennen, die sie letztlich zu ihrer Mutter geführt hat?

Dagmar hatte auf den Rat einer Zuschauerin gehört und einen Brief an die Belgoroder Zeitung geschrieben. Zwar gäbe es wenig Hoffnung, dass ihre Mutter noch am Leben sei, da Belgorod fast völlig zerstört war und achtzig Prozent der Einwohner während des Krieges getötet oder verschleppt wurden. Doch ein Versuch koste nicht viel, vielleicht erinnere sich jemand an Klawdija Steblewa. So häufig sich Dagmar vorstellte, russische Wurzeln zu haben, so wenig war sie zunächst bereit, Hals über Kopf nach Belgorod zu reisen. Die hilfsbereite Zuschauerin übersetzte den Brief und sorgte dafür, dass die Zeitungsredaktion ihn bekam. Sie schloss kategorisch aus, ihn einfach in einen Briefkasten zu werfen, auf die russische Post sei absolut kein Verlass, erfuhr Dagmar von ihr, besser, man schicke den Brief per Boten in die Redaktion. Nach gut zwei Wochen wurde Dagmar Vollzug gemeldet, dann konnte sie nichts als warten.

Nur drei Tage später klingelte das Telefon. Die hilfsbereite Zuschauerin, eine Russin, die schon lange in Deutschland lebte, war wieder am Apparat.

Konnte das schon die Antwort sein? Dagmar schlug das Herz bis zum Hals, ihr Atem wurde flach.

»Ihre Mutter ist vielleicht am Leben. Zu sechzig Prozent.«

Vielleicht am Leben, zu sechzig Prozent? Was war das für eine Auskunft?

Ein bisschen am Leben oder doch ein bisschen tot? Die Zuschauerin begann zu erklären, noch ehe Dagmar nachfragen konnte, als wäre ihr selbst aufgefallen, wie seltsam die Nachricht klingen musste:

Eine Larissa aus dem Stadtarchiv kennt die Mutter. Vor zwei Tagen hat sie ihre alten Kolleginnen auf der Arbeit besucht. Das macht sie öfter, weil ihr zu Hause die Decke auf den Kopf fällt und sie sich der lustigen Truppe der Ex-Kolleginnen immer noch zugehörig fühlt. Als sie ins Büro kommt, sitzen alle mit nassen Augen und schniefenden Nasen um den Pausentisch. Larissa befürchtet das Schlimmste, ein Unglück, das einer ihrer Kolleginnen widerfahren ist, da erklärt ihr eine, die mit rotgeweinten Augen von der Zeitung aufschaut: »Hier, das musst du lesen. Eine Deutsche sucht ihre Mutter. Sie soll hier in Belgorod gelebt haben.«

Larissa liest und sofort weiß sie, um wen es sich handelt. »Diese Frau kenne ich. Sie war Ostarbeiterin. Ich habe ihr die Bescheinigung ausgestellt. Wir sind Nachbarinnen, wohnen seit Jahrzehnten im selben Block.«

»Du musst zur Redaktion gehen!«

»Was soll ich denn bei der Zeitung? Das Wichtigste ist jetzt, dass Klawdija Matwejewna es erst einmal erfährt. Oh Gott, die Ärmste!«

»Aber die Zeitung muss auch jemand informieren, damit sie der Tochter Bescheid geben können.«

Die Archivarinnen streiten noch ein wenig hin und her, ob die Mutter die Tochter benachrichtigen wird oder ob das besser die Zeitung als neutrale Vermittlerin übernehmen sollte, da hat Larissa längst ihren Entschluss gefasst.

Schnurstracks läuft sie zu Klawdija und hilft ihr, den ersten Schock über die Nachricht zu verkraften. Beide weinen zusammen, lesen wieder und wieder den Brief in der Zeitung und überlegen, was als Nächstes zu tun ist.

Sie beschließen, dass Larissa zur Zeitung gehen und die Redakteure informieren soll. Klawdija fühlte sich dem Blatt zu Dank verpflichtet, dass es den Brief ihrer Tochter überhaupt abgedruckt hat.

Klawdija schickt ihren Sohn los, die Familie zusammenzutrommeln. Sie verrät nicht weshalb. Alle sollen es zugleich erfahren, damit keine Gerüchte aufkommen, die Anlass zu Getratsche geben.

Ihre Schwester Raissa trifft als Erste ein. Marina, die Schwiegertochter, und Dima, der Enkel, sind ohnehin da. Es folgen etliche Cousins und Cousinen. Sie alle versammeln sich in Klawdijas kleiner Wohnstube. In dieser Vollzähligkeit kommt die Familie nur noch zu Beerdigungen zusammen.

»Ich muss euch etwas sagen: Unsere Familie kriegt Zuwachs. Damals in Deutschland habe ich eine Tochter geboren. Ich hielt sie all die Jahre für tot. Jetzt hat sie sich gemeldet, sie ist am Leben.« Da ist es um Klawdijas Beherrschung geschehen. Ihre sachliche Mitteilung löst sich vollständig in Tränen auf und mit ihr weint die ganze große Sippe. Raissa fasst sich als Erste: »Und was nun?«

»Du musst sie einladen!« Für Marina ist die Sache sonnenklar.

»Genau, sie muss herkommen«, pflichtet ihr einer nach dem anderen bei.

»Für dich ist es zu beschwerlich, nach Deutschland zu fahren, soll sie sich auf den Weg machen.«

»Wenn sie dich sucht, hat sie ein Interesse an dir, dann wird sie auch kommen.«

»Sonst hätte sie ja nicht den Brief an die Zeitung geschrieben.«

Von allen Seiten wird Marinas Vorschlag unterstützt.

Einmal einig über die Idee, machen sie sich an die Ausführung.

»Aber wie sollen wir sie einladen?«

»Ob sie Russisch spricht?«

»Wenn sie in der DDR groß geworden ist, vielleicht.«

»Bestimmt hat sie schon alles wieder verlernt. Denk doch an dich, kannst du vielleicht noch Deutsch?«

»Die Schule ist schließlich Jahrzehnte her.« Alle krakeelen durcheinander.

Marina, die praktische, kennt sich am besten mit

117

den Behörden aus. »Ich geh mit Klawdija Matwejewna in die Redaktion. Dort sagen wir, dass wir die Tochter einladen wollen. Wenn sie den Brief haben, kennen sie auch ihre Adresse. Vielleicht gibt es sogar eine Telefonnummer.«

Die Redakteure versprechen Klawdija, die Einladung an ihre Tochter weiterzugeben und rufen die Mutter der hilfsbereiten Zuschauerin an, die ebenfalls in Belgorod wohnt. Von ihr erfährt die in Deutschland lebende Tochter die Neuigkeit und die kann sie wiederum Dagmar überbringen.

»Es gibt keine Zufälle!« ist Dagmar nach der Geschichte, die sie am Telefon in allen Einzelheiten hört, überzeugt. Wieder und wieder lässt sie sich die Details schildern. Schließlich bittet sie darum, der Mutter und ihrer Familie auszurichten, dass sie die Einladung annimmt.

»Sie ist tatsächlich am Leben und sie hat mich eingeladen!«

Dagmar sinkt in einen Sessel, völlig erschöpft. Rudolf nimmt ihr Gesicht in beide Hände und drückt ihr einen Kuss auf die Lippen. »Na siehst du, es hat sich gelohnt.« Hinter Rudolfs Brille glitzert eine Träne.

Dagmar weint und lacht zugleich, dennoch spürt sie, dass die jahrzehntelange Ungewissheit noch nicht abfällt. Was, wenn es doch nicht ihre Mutter ist? Darf sie sich tatsächlich schon freuen? Vielleicht will sich hier jemand eine Tochter im Westen erschwindeln? Gibt es überhaupt Grund zur Freude, schließlich kennt sie die Mutter noch nicht. Hinter ihr könnte sich immerhin eine garstige Alte verbergen. Wer kann das schon wissen?

Dagmar nimmt sich vor, auf der Hut zu bleiben. Keinesfalls will sie einer gewieften Trittbrettfahrerin auf den Leim gehen. Sich ein paar Lebensdaten zu merken, ist schließlich nicht schwierig.

Um jeden Zweifel auszuräumen, schreibt sie der Mutter einen Brief. Sie wählt ihre Worte sorgsam, feiert weder euphorisch die gefundene Mutter, noch will sie die Frau, die von sich behauptet, sie habe sie geboren, verletzen. Denn wenn sie tatsächlich ihre Mutter ist, müssen sie miteinander auskommen, womöglich noch viele Jahre. Vorsichtig formuliert Dagmar einige Fragen, die nur jemand, der in Jeßnitz bei den Webers war, beantworten kann. Dagmar ist sich bewusst, dass sie ihrer wahren Mutter damit unterstellt, eine Betrügerin zu sein, doch das Risiko, die weite Reise vielleicht umsonst zu unternehmen, will sie noch viel weniger eingehen. Und schließlich: Wer hatte sich wem gegenüber schuldig gemacht? Wer wen allein gelassen?

✩ ✩ ✩

In den Lagern wurde nur noch von der Rückkehr in die Heimat geredet. Die Kommunisten hatten die Baracken mit Spruchbändern geschmückt.

»Es lebe unsere Heimat!«, »Sei gegrüßt Heimat!«, »Es gibt auf der Welt kein schöneres Land als die Heimat!«, las Klawdija und nickte. Andere Losungen sprachen vom Stolz der Sieger: »Es lebe unsere Rote Armee!«, »Ruhm dem großartigen russischen Volk, Ruhm der heldenhaften Roten Armee!«, »Ruhm unserer Heimat, Ruhm dem mächtigen russischen Volk, Ruhm der unbesiegbaren Roten Armee, die den deutschen Faschismus zerschmettert hat!«, die Losungen klangen immer pathetischer. Klawdija konnte mit soviel Ruhm nichts anfangen. Er ging sie nichts an. Ihr machte vielmehr ihre Ratlosigkeit zu schaffen. Sie hatte keine Idee mehr, wo sie ihre Tochter noch suchen sollte. Landsleute erklärten ihr, dass mit den Losungen der Roten Armee Tribut gezollt wurde. Man müsse sich gut mit ihr stellen, sie könne jeden Augenblick auftauchen. In Mitteldeutschland waren die Amerikaner und die Sowjets aufeinander getroffen. Als Besatzungsmacht sollte künftig die UdSSR fungieren. Doch noch immer keine Spur von den Sowjets und die Amerikaner schien fast alles, was hier vorfiel, nicht zu interessieren.

Ausgelassen hatten Klawdijas Landsleute den 8. Mai 1945 gefeiert, aber wie hätte Klawdija tanzen, gar trinken können ohne ihre Tochter? Die Fröhlichkeit ließ sie unberührt, ihr lief die Zeit davon. Die meisten konnten den Aufbruch kaum erwarten, sie dagegen fürchtete ihn. Mit ihr noch einige andere, wenn auch aus völlig anderen Gründen: die Wlassow-Leute, Russen und Ukrainer, die sich den Deutschen hatten anschließen wollen im Kampf gegen Moskau und schließlich eine eigene Armee gründeten. Sie waren als Zwangsarbeiter privilegiert gewesen, genossen als Beinahe-Verbündete weit mehr Freiheiten als ihresgleichen. Nun sah Klawdija, wie sie vor der Abreise zitterten, einige wollten gar nicht fort. Wenn die Rote Armee die Wlassow-Leute als Kollaborateure einstufte, dann hatten auch die Ukrainer Grund, sich zu fürchten. Und dann, so überlegte Klawdija weiter, bekäme sie selbst vielleicht Schwierigkeiten, denn sie hatte schließlich mit Ukrainern zusammen bei den deutschen Okkupanten gearbeitet. Sie tröstete sich mit dem Gedanken, dass sie laut Pass keine Ukrainerin war, sondern Russin, das würde sie schützen. Wenngleich ihr Geburtsort in der Ukraine lag …

Noch einmal klapperte sie die Kinderheime ab, fragte Zwangsarbeiterinnen, die ihre Kleinen in den Armen hielten, alles vergebens. Die Frauen hatten ihre Babys klugerweise nicht aus den Händen gegeben, doch auch sie fürchteten die Heimreise. Manche, weil sie die Väter ihrer gerade erst geborenen Kinder verlassen müssten, wenn sie zu ihren Familien nach Hause zurückkehrten, manche, weil sie ihre Liebsten in den Wirren des Kriegsendes nicht mehr finden konnten.

Der Krieg hatte Familien zerstört, Ehen zerrissen, Partner getötet, neue Paare zusammengeführt – erlaubte wie verbotene, er hatte russisches und deutsches Blut gemischt. Nun musste jede sehen, wie sie damit fertig wurde.

Rückkehr einer russischen Zwangsarbeiterin unter
Begleitung eines Soldaten der Roten Armee

Ein letztes Mal fuhr Klawdija nach Dessau. Von dort
sollte die Heimfahrt starten. Auf der Suche nach dem
Sammelpunkt sprach sie einen jungen Blondschopf
an, in dem sie wegen der in die Stiefel gestopften Ho-
senbeine sofort den Landsmann erkannte. »Von dort
komme ich gerade, warte, ich bring dich hin!« Munter
redete er auf sie ein.

Das Lager war überfüllt, sämtliche Schlafplätze vergeben. Doch ihr Begleiter vollbrachte die Meisterleis-

tung, ihr eine Matratze zu organisieren. Tagelang wich er nicht von ihrer Seite. Ihm entging nicht, wie niedergeschlagen Klawdija war. Er versuchte, sie zu trösten, bot ihr an, in der Heimat gemeinsam ein neues Leben zu beginnen, doch dafür war Klawdija in ihrer gegenwärtigen Verfassung die denkbar falsche Adresse. Mit ihrer Trauer passte sie so gar nicht in die ausgelassene Menge, die offenbar nie mehr aufhören wollte zu feiern.

Selbst als die ehemaligen Zwangsarbeiter und Kriegsgefangenen in die Waggons einstiegen, hörten sie nicht auf zu tanzen. Dem Akkordeonspieler wurde keine Pause gegönnt. Als sich der Zug in Bewegung setzte, sangen, tanzten und winkten die Männer und Frauen in den Waggons den noch Wartenden auf dem Bahnsteig zu. Sie würden als Nächste die Heimreise antreten. Klawdija stand in der offenen Tür. Sie presste ein Mäntelchen aus Sackleinen an die Brust, das sie in den vielen untätigen Stunden in der Krankenbaracke für Alla genäht hatte. Sie warf es aus dem Zug. Ihr rollten die Tränen über das Gesicht. Ihre Alla würde in dem Land bleiben, in dem sie geboren wurde. Dann musste auch das Mäntelchen nicht mit, sie hatte keinerlei Verwendung dafür.

Vielleicht war die Kleine wie so viele Menschen in den Bombennächten ums Leben gekommen? Vieles sprach dagegen: Die Kinder waren nicht in Dessau, es war immer nur von Bitterfeld, Zörbig und Wolfen die

Rede gewesen. In Bitterfeld waren die Fabriken bombardiert worden, doch die befanden sich weit vor den Toren der Stadt. Das Kinderheim lag im Stadtzentrum, also in sicherer Entfernung. Und als die von den Deutschen herausgeforderten amerikanischen Tiefflieger am 21. April die Filmfabrik beschossen hatten, sollte es zwar vier Tote auf dem Wolfener Bahnhof gegeben haben, doch unter ihnen war kein anderthalb Jahre altes Mädchen ausgemacht worden. Wo konnte Alla nur stecken? Und Iwan? Beide waren wie vom Erdboden verschluckt.

Klawdija mied jedes vertrauliche Gespräch in dem Waggon. Maria hätte sie verstanden. Wo sie war, hatten ihr die Webers nicht sagen können. Nur, dass auch Maria Mutter werden sollte, aber das wusste Klawdija schon. Ob etwa auch sie …?

✩✩✩

Klawdija ist seit vier Uhr früh auf den Beinen. Seit Wochen, seitdem sie weiß, dass Alla lebt, kann sie kaum einschlafen und schläft nicht mehr durch.

Die Stunden bis zu Allas Ankunft lassen sich an einer Hand abzählen. Klawdija legt sich den mit der Tinktur vollgesogenen Würfelzucker auf die Zunge und wartet auf die Wirkung. Ihr Herz rast, die Hände flattern. Alles strengt sie an.

Sie ist so erschöpft, als wäre sie die ganze Nacht ohne Pause auf den Beinen gewesen.

Gut, dass sie sich die Kleider schon vorher zurecht-gelegt hat. Klawdija zieht ihre gute Bluse an, den dunkel-roten Rock. Im Bad ordnet sie mit wenigen Griffen ihr Haar. Sie fährt sich mit dem Kamm durch die grauen Strähnen, bindet sie mit einem Gummiband zu einem kurzen Pferdeschwanz zusammen, fertig. Sie hat ver-gessen, wann sie das letzte Mal beim Friseur war, es musste Jahrzehnte zurückliegen. Geld- und Zeitver-schwendung, die Haare schneiden kann sie sich schließ-lich selbst und gefallen braucht sie auch niemandem mehr, ihrem Mann war ohnehin gleichgültig gewesen, wie sie aussah. Sie schaut in den Spiegel. Der Mund: schmal, die Nase: wuchtig, die Augen: tief liegend, un-spektakulär grau. Früher hat die Jugend wettgemacht, was das Alter heute umso schonungsloser zutage för-dert: Eine Schönheit ist sie nicht, war sie nie. Eine Tatsache, die sie schon immer leicht verschmerzen konnte. Sie war gesund und kräftig, Grund genug, zu-frieden zu sein. Auf Schminke hat sie stets verzichtet. Dieser Klimbim war nichts für sie. Sollten sich andere Frauen mit Stiften und Tiegeln herumplagen.

Und warum schaut sie dann jetzt so lange in den Spiegel? Versucht sie etwa gerade, sich ihre Züge ein-zuprägen, damit sie sie später besser vergleichen kann? Wenn sie jemand so sieht! Er würde vielleicht denken, dass sie auf ihre alten Tage noch eitel wird!

Klawdija schüttelt über sich selbst den Kopf und geht ins Schlafzimmer, um das Bettzeug fortzuräu-men. Dort schläft Dima, ihr Enkelsohn, noch immer den Schlaf der Gerechten. Wladimir weckt ihn grob, was Klawdija leid tut, schließlich hatte Wladimir, als er selbst so alt wie sein Sohn jetzt war, am liebsten bis mittags im Bett gelegen. Wladimirs Familie wird die nächsten Tage nicht bei Klawdija, sondern bei den Schwiegereltern übernachten, so regeln sie es immer, wenn sie Schlafgäste haben. Klawdija wird das neue Sofa im Wohnzimmer ausprobieren. Der zerschlissene Diwan war beim besten Willen nicht mehr vorzeigbar. Schließlich kommt nicht irgendwer, sondern ihre Tochter. Aus dem Westen! Die Zeit rast. Ihr Sohn und die Schwiegertochter treiben Dima an, da klingelt an der Tür schon Raissa. Wie ein Empfangskomitee werden sie alle am Bahnhof stehen. Niemand will sich den Augenblick entgehen lassen, da ihre Familie so spät noch Zuwachs bekommt.

Raissa bleibt trotz der Hitze in der Wohnung in ihrem Pelzmantel stehen, reicht Klawdija die Stiefel, die sie gehorsam anzieht. Sie streicht über die geschwollenen Knie, die Beine scheinen heute besonders heftig zu schmerzen. Überhaupt! Die Idee! Klawdija stöhnt mehr als nötig, um Raissas Aufmerksamkeit auf sich zu lenken und klagt, dass sie kaum laufen könne. Ob sie nicht allein zum Bahnhof …? Das Warten in der Kälte, das Thermometer zeigt zwanzig Grad unter null, noch dazu auf der zugigen Plattform und vielleicht würde sich der Zug verspäten – sie fühle sich nicht imstande mitzufahren. Raissa ist verständnisvoll wie immer. Natürlich schöpft die Schwester keinen Verdacht. Wie auch. Klawdija jammert nie, bittet höchst ungern um einen Gefallen.

Verteilt auf mehrere Autos macht sich die Verwandtschaft auf den Weg, um die Gäste an dem noch immer finsteren Morgen gebührend zu begrüßen.

Klawdija trägt derweil Geschirr und Speisen in das Wohnzimmer. Die Gäste sollen einen gedeckten Tisch vorfinden, der sich unter den vielen Gerichten biegt. So ist es Sitte. Wieder und wieder schaut sie aus dem Fenster, ihre Unruhe nimmt zu, je heller es wird. Sie müssen jeden Moment hier sein. Das Licht der Straßenlaternen erlischt.

Es läutet! So wild hämmert nur Dima, ihr Enkel, auf dem Knopf herum. Als ob alles ohnehin nicht schon aufregend genug wäre! Klawdija wartet in der Tür. Nun scheinen ihr die Beine tatsächlich zu versagen. Sie hört die Schritte der vielen Personen auf den Stufen in den unteren Stockwerken. Doch ein Paar nähert sich schneller. Jetzt werden die Schritte langsamer. Dann sieht sie sie. Eine große stämmige Frau, blond gefärbtes Haar, dicke Brille. Da, das Gesicht! Herr im Himmel! Sie ist es. Alla.

Alla bleibt vor der Tür stehen, Klawdija klammert sich an die Klinke der Wohnungstür. »Allotschka«, flüstert sie. »Mama«, kommt es zurück.

Klawdija zieht Alla in den Flur. Nur keine Umarmung auf der Türschwelle, sonst geschieht noch ein Unglück! Sie sehen sich an, kein Zweifel! Jede Verwechslung, jede Täuschung ist ausgeschlossen. Sie umarmen sich und können sich nicht wieder loslassen. Die eine weint an der Schulter der anderen. Lange stehen sie eng verschlungen beieinander, als dürfte sie nichts und niemand mehr trennen. Um sie herum schnieft es, den Verwandten rollen die Tränen über die Wangen, niemand schämt sich angesichts der allgemeinen Rührung.

Allmählich dringen die Stimmen der anderen zu ihnen. Die Frauen rücken bis in die kleine Küche durch, jemand führt Dagmar ins Wohnzimmer an die Stirnseite der Tafel, wo sie sich setzen muss. Sofort steht sie wieder auf und holt sich Rudolf an ihre Seite, den im Gedränge kaum jemand beachtet, und stellt ihn der Mutter vor. »Rudolf, mein Mann, derjenige, der als Erster von meinem Geheimnis wusste.« Die Dolmetscherin wird herbeigerufen, es ist die Zuschauerin, die ihnen seit der Fernsehsendung mit Rat und Tat zur Seite steht. Dagmar sagt den Satz noch einmal. Dann lernt sie Wladimir kennen, den sie mal Wolodja, mal Wowa, aber nie Wladimir nennen. Die Übersetzerin erklärt Dagmar kurz, was es mit den vielen Namen auf sich hat: Wenn die Töchter und Söhne klein sind, tragen sie einen Kindernamen, der im Pass der Eltern steht. Wladimirs Sohn hieß bis zu seinem 16. Lebensjahr, also bis vor zwei Jahren, Dima, sein amtlicher Vorname ist Dmitri. Für die Familie bleibt er aber auf ewig Dima.

Dagmar findet, dass sich die russischen Namen als eine echte Wissenschaft entpuppen. Allein an den vielen Verkleinerungsformen, die bei den Vornamen möglich sind, könnte sie verzweifeln. Wowa, Wolodja oder gar Wowotschka gehören zu Wladimir. Es sind Kosenamen, mit denen kleine Jungs in der Familie oder auch in der Schule angesprochen werden. Würde jemand zu Hause zu ihm Wladimir sagen, begänne Klawdijas Sohn umgehend, sein schlechtes Gewissen zu durchforsten und käme sich vor wie bei der Polizei oder auf dem Amt, fehlte nur noch der Vater- und der Nachnamen. Manche Kosenamen sind so anders, dass sie kaum noch erkennbar etwas mit dem eigentlichen Namen zu tun haben. Bei Klawdija ist es noch einfach: Klawa. Bei Wladimir schon schwieriger. Alexander wird zu Sascha, aus Sergej kann Sergun werden. Und bei Maria gibt es sogar noch eine russische und eine ukrainische Variante des Kosenamens: Mascha und Mussja. Du liebe Güte.

Nur Raissa bleibt für alle immer Raissa. Raissa hatte Dagmar am Bahnhof steif gefrorene Nelken überreicht. Die einzige wärmende Geste inmitten der dunklen Menschenmenge, der militärisch klingenden Stimme aus dem Bahnsteiglautsprecher.

Dagmar geht die Verwandtschaftsgrade durch. Raissa ist ihre Tante, Wladimir ihr Halbbruder, dessen Sohn ihr Neffe. Dagmar heißt hier Alla und bei der Mutter Allotschka. Dagmar-Allotschka schwirrt der Kopf.

Dagmar schreitet ein, als sie sieht, wie weit sich die Mutter von ihr weg setzt. Bescheiden in der Ecke, am seitlichen Ende der Tafel, bereit, jederzeit aufzuspringen und in die Küche zu laufen. Dagmar besteht auf einem Ehrenplatz für die Mutter, neben ihr, an der Spitze der Tafel. Die Frauen schenken Tee ein, das Essen beginnt, ein Festmahl morgens um halb neun! Dagmar kann die Mutter nur von der Seite betrachten. Die anderen dagegen lassen ihre Blicke beständig zwischen beiden hin und her wandern. Ähnlichkeiten werden konstatiert, ein weiterer Neffe, der nicht gekommen ist, soll ihr wie aus dem Gesicht geschnitten gleichen. Noch größer wird die Verzückung, als sie die Alben zeigt. Ihre Töchter heute und früher und erst die Enkelkinder! Welche Ähnlichkeit!

Dagmar steht auf. Sie sucht einen Spiegel. Sie entdeckt ihn im Flur und stellt die Mutter davor. In dem schummrigen Licht der Flurlampe beginnen sie, jede Einzelheit in ihren Gesichtern zu studieren. Dagmar deutet auf die Nase der Mutter, die so mächtig geraten ist wie ihre, beide lachen verschämt. Sie rücken enger zusammen, vergleichen die Augen, den Mund. Sogar in ihrer Statur sind sie sich ähnlich. Dagmar hat vor Augen, wie sie in zwanzig Jahren aussehen wird. Da fängt Klawdija an zu weinen. »Meine kleine Baby«, sagt sie in grobem Deutsch. Dagmar rechnet. Mit neun Monaten hatte die Mutter sie in das Heim geben müssen, in ihrer Erinnerung war ihre Tochter stets ein Säugling. »Funf-un-funfzik Jahr«, sagt die Mutter. Dagmar pro-

130

testiert. »Nicht fünfundfünfzig, fast sechsundfünfzig bin ich!« Klawdija schüttelt den Kopf. »Funf-un-funf-zik« Endlich begreift Dagmar, was die Mutter meint. Fünfundfünfzig Jahre hat sie sie nicht gesehen. Jetzt braucht Dagmar ihr Taschentuch. Sie fährt sich damit hinter die Brille. Ihr tut die Mutter unendlich leid und sie sich selbst auch.

Als Dagmar der Mutter ein Foto ihrer Adoptiveltern zeigt, fängt Klawdija an zu schluchzen und im Zimmer wird es ganz still. Die Dolmetscherin will die Situation retten und überhäuft Dagmar mit Fragen, die sie zunächst nicht beantworten mag. Doch als Rudolf sie vorsichtig mit einem kurzen Blick ermuntert, redet sie über ihre Kindheit, illustriert von Fotos, die Dagmar als blondes Engelchen zeigen. Die Mutter hält die ganze Zeit ihre Hand. Ganz fest umschließen ihre rauen großen Flächen Dagmars Finger. Die Dolmetscherin kommt nicht zum Essen. Bis Rudolf aufsteht, sich neben die Tafel stellt und anhebt: »Augen so schwarz …«, zuerst auf Deutsch. Als er die Strophe auf Russisch wiederholt, kommt der Applaus und alle stimmen ein, außer der Mutter, die wegen ihrer Tränen nur summen kann. Wladimir ergreift sein Wodkaglas: »Auf Alla, die unsrige, auf Alla und ihren Rudolf.«

Bevor sich die Nachmittagssonne für diesen Tag von dem dramatisch roten Novemberhimmel verabschiedet, schlägt Raissa einen Spaziergang vor. Klawdija lässt sie ziehen und schickt auch Dima hinaus, sie benötigt dringend eine Atempause. In der Küchenecke holt sie nach, wozu sie den ganzen Tag nicht kam: Sie dankt dem Herrn für dieses Geschenk, auf das sie nicht zu hoffen gewagt hatte. »Jetzt kann ich von der Erde verschwinden. Aber vorher würde ich sie so gern noch ein bisschen näher kennen lernen.« Verhält es sich so, wie alle Welt behauptet, dass Blutsbande die stärksten sind, Liebe sich somit automatisch einstellt?

✩ ✩ ✩

Klawdija hatte keinerlei Freude empfunden, in die Heimat zurückzukehren. Ihr Zug hielt hinter Brest, alle Zuginsassen wurden verhört. Männer vom sowjetischen Geheimdienst durchwühlten das Gepäck der Zwangsarbeiterinnen, Gegenstände wie Uhren, Ferngläser oder Bilder, alles, was ihnen gefiel, beschlagnahmten sie unter dem Vorwand, das hätten die Frauen wahrscheinlich in Deutschland gestohlen. Klawdija war heilfroh, dass sie das selbstgeschneiderte Kindermäntelchen nicht mehr besaß, es hätte unweigerlich jede Menge unnützer Fragen provoziert. Die KGBschniki schnauzten sie an, warum sie ihre Arbeitskraft lieber für die Deutschen als für ihre Heimat hergegeben habe.

Klawdija tat, was die anderen, die vor ihr an der Reihe waren, geraten hatten: So kurz wie möglich antworten. Sie wurde als Hure beschimpft, angebrüllt. Einer drosch mit der Faust auf den Tisch. Klawdija konnte sich nicht erklären, was er damit bezweckte. Worüber hätte sie Auskunft geben sollen? Dass sie ein Kind bekommen hat? Dass sie dabei war, an ihrer Sehnsucht nach Alla zugrunde zu gehen? Dass sie die Schuld zu Boden zerrte, als hinge an ihrem Hals ein riesiger Stein? Da hätte sie auch direkt eine Fahrkarte in den GULag lösen können. Kein Tag verging, an dem sie nicht an Alla dachte, keine Nacht, in der sie nicht weinte.

Würde es je eine Möglichkeit geben, sie zu suchen? Klawdija hatte wenig Hoffnung. Sollte Alla überhaupt noch am Leben sein, dann befand sie sich in Deutschland, im Feindesland. Wer würde ihr gestatten, dorthin zurückzufahren? Was würde sie erklären, wen als Vater angeben? Iwan, der sich aus dem Staub gemacht hatte? Anton, der höchstwahrscheinlich in der Schlacht am Kursker Bogen gefallen war? Dann hätte es das Mädchen nicht sehr eilig gehabt haben müssen, auf die Welt zu kommen.

Andererseits: Wer hätte schon mit Bestimmtheit sagen können, ob die Tochter anderthalb oder zweieinhalb Jahre alt war? Kinder entwickeln sich unterschiedlich, erst recht unter Kriegsbedingungen. Da konnten die Älteren leicht jünger aussehen … Aber hätte sie die Kraft, Anton, wenn es ihn überhaupt noch gab, tatsächlich ein Leben lang etwas vorzumachen? Ihm die Wahrheit über Alla zu beichten, schloss Klawdija kategorisch aus. Denn auf sie würde auch ihr Anton reagieren wie jeder andere Mann. Ein Bastard, noch

Sowjetisches Propaganda-Plakat, das für die
Rückkehr in die Heimat wirbt: »Wir warten auf deine
Rückkehr aus der deutschen Knechtschaft«

dazu unter diesen Umständen? »Vergiss es, Hure.« Zu
Anton über Alla kein Sterbenswort!

Von Belgorod war fast nichts mehr übrig. In den Ge-
meinschaftsquartieren fragte sie sich zu ihrer Familie
durch. Die Mutter nahm ihre Große in die Arme. Sie
konnte kaum fassen, dass sie Klawdija wiedersah. Von

«Советский Комитет» в коммунистической зоне Германии призывает эмиграцию вернуться домой, обещая прощение и «хорошую жизнь». Мы знаем эту «хорошую жизнь» за проволокой! Никакая сила в мире не сможет помочь тем легковерным, за которыми опустится шлагбаум, отделяющий Свободный мир от громадного концентрационного лагеря: СССР. Будьте осторожны. Не поддавайтесь на удочку МВД!

Gegenpropaganda: Plakat, das vor der Rückkehr in die UdSSR warnt, die für ehemalige Kriegsgefangene und Zwangsarbeiter nur GULag bedeuten kann

Iwan, dem Jüngsten, fehlte noch immer jede Nachricht. Klawdija schilderte den Eltern und Geschwistern ihre letzte Begegnung mit dem Bruder in Jeßnitz.

Belgorod konnte die vielen Obdachlosen und Kriegsflüchtlinge nicht ernähren. Die Familie zog in ihr Heimatdorf Saltykowo, das während der monatelangen Schlachten zwar ebenfalls fast völlig zerstört war.

Doch anders als in Belgorod gab es hier Ackerland und Gärten.

Sie machten sich mit etlichen anderen ehemaligen Dorfbewohnern an die Arbeit. Zwei Frauen in Klawdijas Alter hatten kleine Kinder. »Aus Deutschland«, wispert das ganze Dorf.

»Was hättest du gemacht, wenn ich auch eins mitgebracht hätte?«, fragt Klawdija die Mutter.

»Dann hätte ich dich umgebracht!«

»Dann musst du das jetzt tun.«

»Was redest du für einen Quatsch?«

»Ich habe auch eins.«

»Halt den Mund, du blöde Gans!«, herrschte die Mutter sie an. »Ich will nichts darüber hören! Verstanden?«

Den ganzen langen Weg von Deutschland nach Hause hatte sie hin und her überlegt, ob und wie sie ihrer Mutter von Alla erzählen sollte. Nicht dass sie Angst gehabt hätte vor der Beichte. Es gab nichts zu gestehen, Klawdija war sechsundzwanzig und schließlich kein Kind mehr, war immerhin bereits einmal verheiratet gewesen.

Die Mutter starrte sie entsetzt an: »Wer weiß noch davon?«, fragte sie sie im Flüsterton. »Sag zu niemandem auch nur ein Wort darüber. Hörst du? Niemals!! Du musst raus aus dem Dorf, nach Belgorod. Wenn es hier jemand erfährt, weiß es sofort das ganze Dorf. In der Stadt kennt keiner den anderen.«

Nun bereute Klawdija, die Mutter eingeweiht zu

haben. Anstatt sich nach der Kleinen zu erkundigen –
sie hat nicht einmal nach ihrem Namen gefragt –, nach
der Geburt und ihrer Suche nach Alla, wiederholt die
Mutter immerzu: »Zu niemandem im Dorf ein Wort,
hörst du? Zu überhaupt niemandem, niemals, nir-
gendwo!« Die Mutter warnte Klawdija mit immer noch
gesenkter Stimme, dass sie bereits scharf beobachtet
werde. Sie erinnerte sie an die dorfbekannten Denun-
zianten, die sogar während des Krieges Nachbarn ans
Messer geliefert hatten. »Weißt du denn nicht, dass
sie euch ehemalige Zwangsarbeiter auf dem Kieker
haben? Wenn du nicht ins Lager kommen willst, darfst
du nicht verraten, dass du in dem Lazarettzug bei den
Deutschen warst, sonst kommt noch jemand auf die
Idee, du seiest freiwillig gegangen! Rede nicht zu gut
über Deutschland, über den Arzthaushalt, die schö-
nen Möbel. Ich erzähl dir mal, was mit einer Nachbarin passiert ist: Sie kam von der Zwangsarbeit zurück
und hatte offenbar Glück gehabt. Sie verbreitete, dass
Deutschland ein zivilisiertes, kultiviertes Land ist, die
Menschen trotz des Krieges besser leben als wir hier,
was daran läge, dass sie nicht in Kolchosen arbeiten,
sondern die Familien sich selbst versorgen. Sie hat die
deutsche Ordnung gelobt und wie systematisch die
dort beim Arbeiten vorgehen, nach Plan, ein Schritt
nach dem anderen, nicht wie bei uns den zweiten vor
dem ersten. Ahnst du, was mit ihr geschehen ist? Sie
ist abgeholt worden! Deshalb sag niemandem, wie es
wirklich war! Hörst du? Sie halten euch ohnehin für

Verräterinnen. Volksfeinde, Kollaborateure – so werdet ihr Ostarbeiter genannt. Gut, dass du das Kind nicht mitgebracht hast. Wie hättest du es erklärt? Dass es dir so gut gegangen ist bei den Faschisten, dass du sogar noch Zeit für so etwas hattest?«

»Warum sprichst du so leise?«, fragte Klawdija laut und deutlich.

»Sei doch still! Huren, Deutschenliebchen, Nutten – so werdet ihr Ostarbeiterinnen genannt und das sind noch nicht die schlimmsten Bezeichnungen. Du bist spät nach Hause gekommen, andere sind viel früher zurückgekehrt. Ich hab hören können, wie man sie beschimpft, ich weiß Bescheid. Und das ist dein Glück!«

Die Mutter erinnerte sie an die Zeit der Großen Säuberung: »Denk an den Schwarzen Raben, wie früh er morgens unterwegs war.« Das hatte Klawdija nicht vergessen. Die Feinde der Sowjetunion wurden von den Häschern in den fensterlosen Polizeiwagen gestoßen, der sie geradewegs ins Gefängnis brachte. Zu den Feinden der Sowjetunion zählte der KGB jeden, der sich mit Ausländern eingelassen hatte, denn Fremde galten ausnahmslos als Spione, das Ausland als feindliches Gebiet. Wer dort hinging, freiwillig oder nicht, war ein Verräter – so lautete die simple Logik. Klawdija hatte zwei Jahre in Deutschland verbracht, sie konnte sich ausrechnen, in welche Kategorie sie nun eingeordnet wurde.

Mit ihren kleinen grauen Augen hielt die Mutter Klawdija fest, ihr stechender Blick tat weh. Wenn die

Mutter sie so ansah, war es ihr sehr ernst. »Woher weißt du, dass das Kind überhaupt noch lebt? Vielleicht ist es längst tot. Wenn du dort schon Tbc hattest, hast du die Kleine angesteckt. Bomben, Krieg, Tbc und ohne Mutter – was soll aus solch einem Wurm schon werden? Wenn du am Leben bleiben willst, sieh zu, dass du die Krankheit los wirst, such dir einen Mann und halt den Mund.«

»Und was mache ich mit der Geburtsurkunde?«

Die Mutter wich zurück, als läge ein Sprengsatz vor ihr.

»Du hast was? Ich will sie gar nicht sehen. Du musst sie vernichten!«

»Es ist das Einzige, was mir von ihr geblieben ist.«

»Verbrenn sie, wenn dir dein Leben lieb ist!«

Klawdija wurde, wie ihre Mutter vorausgesagt hatte, in einer Isolationsbaracke für Tuberkulosekranke in Belgorod interniert und konnte nichts weiter tun, als auf ihre Heilung zu warten. Sie war das Leben in der Zwangsgemeinschaft der Lager gründlich leid. Sie sehnte sich nach einem Heim, einem Zuhause, eigenen vier Wänden, einer eigenen Küche und wäre sie noch so klein. Ein neuer Mann kam in diesen Träumen bislang nicht vor, dazu bestand auch nicht die geringste Veranlassung. Nicht mal die Hälfte der Soldaten war aus dem Krieg zurückgekehrt. Viele wurden noch vermisst. Die Aussicht, den Rest ihres Lebens allein zu verbringen, deprimierte einige der Tbc-Patientinnen. Nicht genug damit, dass sie krank waren, sie galten zudem als Bürger zweiter Klasse, minderwertig. Wer sollte sie schon nehmen? Als ehemalige Zwangsarbeiterinnen standen sie wie die in deutsche Kriegsgefangenschaft geratenen Soldaten unter Generalverdacht, »politisch unzuverlässige Elemente« zu sein, denen man keine verantwortungsvolle Aufgabe mehr anvertrauen konnte. Stalin selbst hatte sie zu Freiwild erklärt.

Wie rabiat selbst die Ärzte mit Klawdija umgingen! Obwohl sie mit diagnostizierter Lungentuberkulose eingeliefert worden war, musste sie sich auch gynäkologisch untersuchen lassen. Entweder bemerkte die Ärztin die Spuren der Geburt nicht oder sie wollte sie nicht sehen, was Klawdija so sehr erleichterte, dass sie ihr sämtliche Grobheiten verzieh. Die Angst, dass spätestens jetzt ihr Geheimnis gelüftet werden würde, war gebannt.

Nicht alle Tbc-Patientinnen waren so krank, dass sie sich nicht doch noch als Denunziantinnen verdingen konnten. Schon auf dem Weg von Deutschland nach Polen hatten sich die Spitzel warm gelaufen. Die Sowjetunion, immer empfänglich für ihre Dienste, setzte sie wieder ein. Klawdija erinnerte sich an Maschas Warnungen. Aber inzwischen wusste Klawdija selbst, vor wem sie sich in Acht nehmen musste. Nach und nach begann sie, diese verkehrte Welt zu verstehen: Ihr Staat, seine Armee hatten sie nicht schützen können und tatenlos zugeschaut, als sie nach Deutschland verschleppt worden war und nun drehte man den Spieß einfach um. Ein Satz, eine Andeutung von Stalin hatte genügt, aus Opfern Schuldige zu machen: Er könne denen, die ohne sein Einverständnis, ohne seine Anweisung die Grenzen der Sowjetunion überschritten hätten, nicht mehr volles Vertrauen entgegenbringen.

Hatten sie, die Bauernmädchen, etwa darum gebeten, aus ihren Familien, ihrer Heimat herausgerissen zu werden? Hatten sie Tore und Türen geöffnet und die deutschen Okkupanten hereingebeten? Hatten sie ihnen etwa die Panzer gewienert oder die Munition gereicht, damit sie die russischen Städte besser zerschießen konnten? Waren sie und Maria und Iwan und die vielen anderen vielleicht freiwillig in die Viehwaggons gestiegen? Klawdija begann zu dämmern, dass sie, wie alle Zwangsarbeiter, alle »Ostzowzy«, im Bild vom ruhmreichen Sieg nur störten. Wie auch die Kriegsgefangenen, die sich noch nicht einmal »Teilnehmer des Krieges« nennen durften und damit natürlich auch keinen Anspruch auf Vergünstigungen hatten, die es für Kriegsveteranen gab. Was, so fragte sie sich, ist ruhmreich an einer Armee, die Millionen ihrer eigenen Soldaten nicht vor der Gefangenschaft bewahren kann?

Der Aufnäher »OST«, den sie damals an ihrer Jacke tragen musste, kam ihr jetzt vor wie ein Brandmal auf ihrem Körper, das sie niemals mehr ablegen konnte. Ein Fleck, eine Schande, an die sie zeitlebens auf Schritt und Tritt erinnert wurde. Wie sehnte sie sich nach ihrem kleinen einfachen Dasein zurück!

Nichts als Versprechungen hatten die Propagandabroschüren gemacht. Es war wie immer: Die von den Politoffizieren in den schönsten Farben gemalte kommunistische Zukunft erwies sich als graues Jammertal. Klawdija erinnerte sich an Stimmen, die hinter vorgehaltener Hand vor einer Rückkehr in die Sowjetunion gewarnt hatten. Sie wurden in den sowjetischen Flugblättern als Provokateure verunglimpft. Schon das hätte sie stutzig machen sollen. »Fröhliche freie Arbeit« warte in der von den Faschisten befreiten Heimat auf sie, stand auf den Zetteln, die die Rote Armee in Deutschland an ihre Landsleute verteilt hatte. »Fröhliche freie Arbeit« – wer so etwas schrieb, hatte nie auf Kolchosfeldern geschuftet, war offensichtlich ein Schreiberling der satten Nomenklatur! »Euer Platz ist in der geeinten großen Völkerfamilie der Sowjetunion«, hatte sie gelesen. Und warum zitterten dann die Ukrainer vor Angst? Eine Formulierung hatte ihr schon damals ein merkwürdiges Unbehagen bereitet: »Euch wird, wie vollwertigen Bürgern, die Möglichkeit gegeben, die Heimat aufzubauen, sie zu schützen.« Bis dahin hatte sie nicht einmal in Erwägung gezogen, dass sie kein vollwertiges Mitglied der Gesellschaft mehr sein könnte. Wer kam auf solche Gedanken?

Nach ihrer Rückkehr musste sich Klawdija regelmäßig bei den Behörden melden. Jedes Mal, wenn sie dort erschien, wurde sie »belehrt«. Den Ort verlassen, der zugewiesenen Arbeit fernbleiben – verboten! Am

Ende dieser »Unterhaltungen« verlangten sie ihre Unterschrift. Klawdija kam das alles überflüssig vor. Dieses Angst einjagen. Sie hatte nicht die Absicht, nach Moskau zu ziehen, worauf offenbar die Todesstrafe stand. Wie hätte sie dort eine Wohnung finden sollen, was sollte das überhaupt? Alles, was sie wollte, war, in Belgorod bleiben, eine Familie gründen und Kinder haben. Kinder, von denen sie sich niemals mehr trennen würde. Gab es etwa auch schon für solche Wünsche zwanzig Jahre GULag?

Sie heiratete Pjotr, die Zeiten waren nicht danach, wählerisch zu sein. Um ein Haar hätte der Vater ihr noch einen Strich durch die Rechnung gemacht. Bevor sie sich auf dem Standesamt als Ehepaar registrieren ließen, hatte er den Bräutigam zu sich bestellt, um ihn zu warnen: »Du weißt, dass sie Tbc hat? Nicht, dass du dich hinterher beschwerst!«

»Ich nehme sie so, wie sie ist«, soll Pjotr dem Vater geantwortet haben. Sechs Jahre dauerte die Heilung von der Tuberkulose, als der Arzt ihr die Entlassungspapiere gab, riet er Klawdija dringend von einer Schwangerschaft ab. Eine Geburt könnte die Krankheit erneut auslösen. Klawdija ging das Risiko trotzdem ein, wenigstens ein Kind wollte sie noch haben. Pjotr zimmerte eine winzige Isba, ein Häuschen aus Holzstämmen, dem einzig verfügbaren Baumaterial. Später, als das Haus der neuen Straße weichen musste, zogen sie in die Etagenwohnung. Da war Wowotschka, ihr Wladimir, schon geboren.

Wer nicht auffallen wollte, reihte sich am 9. Mai ein in die Menge gehorsamer Bürger, die die Straße säumte, wenn die Parade am Tag des Sieges vorüber zog. Jahr für Jahr feierte Belgorod den Triumph im Großen Vaterländischen Krieg, obwohl der die Stadt dem Erdboden gleichgemacht hatte. Es gab nur noch Helden, die Lebenden wurden in den Himmel gehoben, die Toten waren bereits dort. Zwangsarbeiter wie Klawdija hatten nie existiert. Nicht einmal für ihren Sohn. Wowa verschwieg sie die Jahre in Deutschland und auch ihr Mann erfuhr nur das, was die Behörden ohnehin bereits wussten.

Klawdijas Leben bestand nun aus Pförtnerdiensten in verschiedenen Fabriken, Schlange stehen vor fast leeren Geschäften, Putzen und Kochen. Sie bewegte sich zwischen ihrer kleinen Zweizimmerwohnung und dem Betrieb, verwöhnte ihren Sohn, bis er ihr nur noch auf der Nase herumtanzte.

Wenn sie Trost brauchte, ging sie in eine der wenigen Kirchen, die die Kommunisten und der Krieg verschont hatten. Sie bat den Herrn, Alla zu schützen, falls sie überhaupt noch am Leben war, und ihr selbst zu vergeben. Er war der Einzige, dem sie sich in ihren stummen Gesprächen anvertraute. Niemandem klagte sie ihr Leid über die immer wiederkehrende Schmach einer Kündigung. Die meist dann eintrat, wenn der Betrieb eine größere Kontrolle fürchtete, irgendein hohes Tier in Ungnade gefallen war. Dann gingen die Personalchefs die Akten durch und feuerten die, die

Klawdija mit ihrem Sohn Wladimir

einen Fleck darin hatten: Zwangsarbeiter, Kriegsgefangene. Waren die Vorgesetzten freundlich, vermerkten sie in Klawdijas Arbeitsbuch: »Ausgeschieden auf eigenen Wunsch«.

Erst 1992, da war sie bereits eine Ewigkeit Rentnerin, Pjotr fast zehn Jahre tot und Wladimir längst verheiratet, erst zu diesem Zeitpunk verbot ein neues Gesetz, in Personalbögen die Frage zu stellen, ob sich jemand aus der Familie in Kriegsgefangenschaft beziehungsweise auf okkupiertem Gebiet befunden hatte. Klawdija hatte nicht einmal gewagt zu hoffen, dass dieser

Klawdija und ihr zweiter Ehemann Pjotr Bulawin

Punkt je abgeschafft werden würde, so sehr hatte sie sich an all die Schikanen gewöhnt. Stalin, Breschnew, Tschernenko, Andropow – sie alle waren gekommen, gegangen, das Unrecht blieb. Gut, dass Gorbatschow noch rechtzeitig vor seinem Abgang das neue Gesetz auf den Weg gebracht hatte!

Wenn sie jetzt einen Wunsch frei hätte, würde sie darum bitten, dass Alla Russisch spräche. Nein, noch besser, wenn sie selbst plötzlich Deutsch könnte! Dann würde ihre Familie nicht jedes Wort mithören und sie könnte Alla erklären, was nur für ihre Ohren bestimmt war. Klawdija kramte in ihren wenigen deutschen Vokabeln, aber mehr als Tisch, Wäsche, Kanne, Schrank

Pjotrs Beerdigung

wollte ihr nicht einfallen. Wie auch? Sie war in den beiden Jahren in Deutschland ohnehin nur durch die fremde Sprache gestolpert. Fast blind hatte sie sich gefühlt, als nähme sie die Außenwelt nur durch einen dichten Schleier wahr.

Aber wüsste sie denn jetzt, was sie Alla sagen sollte? Bald würden die Höflichkeitsfloskeln aufgebraucht sein, würde die gegenseitige Vorsicht schwinden.

Klawdija malt sich aus, wie es wäre, wenn Alla Russisch spräche. Dann würde sie hören, wie grob Wladimir mit seiner Mutter umspringt, wie flegelhaft sich Dima benehmen kann. Sie bekäme den ganzen Klatsch und

147

Tratsch mit, den Raissa ihr ins Haus bringt. Meistens ist nichts, was Raissa erzählt, wirklich von Belang, aber sie ist praktisch ihr einziges Fenster zur Außenwelt und unterhält Klawdija damit wunderbar. Nur wenn Raissas Mundwerk gar nicht mehr still steht, ermahnt Klawdija als älteste Schwester die jüngste: »Jetzt halt mal für fünf Minuten deinen Schnabel!« Dann rauscht Raissa kurz beleidigt in die Küche. Einen Augenblick später steckt sie ihren Kopf wieder in Klawdijas Kämmerchen, um ihr die nächste Begebenheit zu erzählen: »Stell dir vor, da treffe ich doch Larissa Semjonowna, direkt an der Haltestelle ...«

Das muss Alla nun wirklich nicht mit anhören. Und erst die Schimpfwörter! Nicht auszudenken. Wie furchtbar vulgär Wowa fluchen kann! Klawdija ist es nie gelungen, es ihm auszutreiben und wenn sie jetzt Dima hört, steht er seinem Vater bald in nichts mehr nach. Klawdija kann auch kräftig schimpfen, aber sie fällt dabei nicht ins Mat, der unsäglich unflätigen russischen Gossensprache, der sich mitnichten nur Männer bedienen. Es ist eine grauenvolle Ausdrucksweise. Wenn Wowa oder Dima damit loslegen, kann sich Klawdija nur noch die Ohren zuhalten, sie mag nicht hören, wenn die beiden klingen wie die Kesselflicker oder Lastenschlepper auf dem Markt. Nein, es hat schon auch seine Vorteile, dass Alla nicht alles versteht. Andererseits haben sie so ohne Dolmetscher nie die Chance, einander wirklich kennen zu lernen.

Wenn Klawdija dagegen Deutsch spräche, könnte sie verstehen, was Dagmar in den Interviews sagt. Unermüdlich schildert sie den Journalisten, die ihr aus Deutschland bis nach Belgorod hinterherreisen, die Suche nach ihrer Mutter. Anfangs beteiligt sich Klawdija gern, aber irgendwann geht ihr die Puste aus. Sie versteht, dass die Redaktion, die Allas Brief abgedruckt hat, nun auch die Geschichte ihrer Wiederbegegnung bringen will. Aber warum soll sie das von nun an jedem erzählen?

Alla hat auch vor großem Publikum keine Scheu. Wie beim Treffen der Zwangsarbeiter im Diarama! Hunderte von alten Männern und Frauen, alles Ehemalige, sind in das Belgoroder Museum gekommen, das an die Schlacht am Kursker Bogen erinnert. Auf einem riesigen Panorama-Wandgemälde sind Kampfszenen dieser größten Panzerschlacht aller Zeiten dargestellt, davor stehen echte Geschütze und Waffen sowie Soldaten aus Pappmaché. Ein Tonband spielt den unerträglichen Gefechtslärm ein mit dem typischen Heulen und Pfeifen der Katjuscha-Raketenwerfer. Ein Geräusch, das Klawdija durch Mark und Bein fährt, das sie an ihren geliebten Anton erinnert und sie unsäglich traurig stimmt.

Dagmar wünscht sich angesichts der aufgelisteten Toten Russin zu sein, sie will nichts zu tun haben mit all dem Leid, das die Deutschen über dieses Land gebracht haben.

Die Vorsitzende der Zwangsarbeitervereinigung,

Klawdija Iwanowna – sie trägt zufällig den gleichen Vornamen wie die Mutter – hält eine Rede über das Wunder, das Klawdija und Alla widerfahren ist. Die Geschichten, die sie sonst erzählt, geben in aller Regel keinen Anlass für Freudentränen.

Die fünf Tage in Belgorod verbringt Dagmar hauptsächlich auf ihrem Ehrenplatz am Tischende. Will sie sich in der Küche nützlich machen, wird sie von den Frauen wieder hinauskomplimentiert. Einzig bei den kurzen Spaziergängen am Nachmittag durch die bitterkalte Stadt und auf dem abendlichen Rückweg zum Hotel verschafft sie sich etwas Bewegung. Das Hotelzimmer erweist sich als überaus notwendig. Sie hat Klawdijas Angebot, sich im Schlafzimmer einzuquartieren, abgelehnt. Dagmar braucht Abstand, um ihr Gleichgewicht wiederzufinden zwischen ihrem bisherigen Leben ohne ihre russische Mutter und dem jetzigen mit ihr. Mit Rudolf wertet sie den Tag aus, geht sie die Gespräche noch einmal durch.

Drei Tage lang erleben sie die Mutter fröhlich und guten Mutes. Sie erzählt von Jeßnitz, ihrer Zeit in dem Arzthaushalt, der Frau Doktor, die sie ausschimpfte, wenn Klawdija in die Milch auf dem Herd hustete. Kurz spricht sie auch die Testfragen aus Dagmars Brief an. Wenn sie das Misstrauen überhaupt jemals gekränkt hat (es hatte!), so ist davon nichts mehr zu spüren. Ja, Dr. Weber wies eine Besonderheit auf: Er war kriegsversehrt, ihm war ein Bein amputiert worden, das linke, im Ersten Weltkrieg als Frontarzt, deshalb wurde er von Hitler verschont. Sie erinnert sich an Anekdoten mit den Weber-Töchtern, auch nach ihnen hatte Dagmar in dem Brief gefragt und zudem wissen wollen, wo die Mutter in der Villa untergebracht war. Dagmar gegenüber zeigt die Mutter größtes Verständnis für ihre Vorsicht. Vor Betrügerinnen muss man sich in Acht nehmen, gerade im heutigen Russland, fügt sie hinzu. Einige Details, die nur die leibliche Mutter wissen konnte, hatte ihr erster Brief enthalten, Dagmar hütet ihn wie einen Schatz. Jeder Verdacht, jemand anderer als ihre Mutter könnte ihn geschrieben haben, wäre völlig aus der Luft gegriffen. Doch ihre Fragen, das war Dagmar aufgefallen, hatte die Mutter darin nicht abgearbeitet. Von Dr. Webers amputiertem Bein spricht sie erst jetzt, wo sie sich gegenübersitzen.

Guten Tag, meine liebe Tochter!
Es gibt keinen Zweifel, dass du meine Tochter bist. Alles stimmt: Dein Name, Dein Geburtsdatum und Du bist Deinem Vater ähnlich. Du fragst, in welcher Stadt Du geboren bist. Ich kann Dir den Namen nicht sagen. Die Geburtsurkunde hat das Krankenhaus ausgestellt. Darin sind nur Vater und Mutter angegeben. Deswegen hast Du den Eindruck, dass etwas nicht stimmt. Wir haben zwei oder drei Monate bei Dr. Weber gewohnt. Dann haben Dich meine Herrschaften in ein Kinderheim nach Wolfen gegeben. Einmal pro Woche durfte ich Dich besuchen. Mit dir spazieren zu gehen, war für mich die

größte Freude in meinem Leben. Du warst das hübscheste
Mädchen und man liebte Dich sehr in diesem Heim. Als
Du ungefähr neun Monate alt warst, wurden wir durch
meine Krankheit getrennt. Ich hatte Tuberkulose und
kam in ein Krankenhaus für russische Zwangsarbeiter
nach Dessau. Dort blieb ich bis April 1945. Von Dessau
aus fuhr ich mehrere Male mit dem Zug nach Wolfen,
um Dich zu besuchen. Als die amerikanischen Truppen
alles ringsherum bombardierten, verlegte man uns in
ein anderes Krankenhaus, ich glaube, es war in Altstadt.
Dort blieben wir bis zur Befreiung durch die Amerika-
ner. Als ich die Papiere für die Rückkehr nach Russland
hatte, begann ich, Dich zu suchen.

Ich konnte Dich nicht finden. So geschah es, dass wir
getrennt wurden. Mein ganzes Leben habe ich an Dich
gedacht. Es ist so schwer. Die ganze Zeit hatte ich nicht
zu hoffen gewagt, dass Du noch am Leben bist! Ich freue
mich so sehr, dass Du mich gefunden hast. Ich kann
unser Wiedersehen kaum erwarten.

Meine leibliche Tochter! Ich warte auf Dich.
Deine Mama Klawdija Matwejewna Bulawina
(Steblewa)

Die Mutter hatte eine Schwarz-Weiß-Fotografie bei-
gelegt: Ein ernstes Gesicht mit breiten Backen- und
Kieferknochen, zurückgekämmtem grauen Haar, offenen hellen Augen unter dichten unregelmäßigen
Brauen und einem schmalen Mund. Das Kinn wies

energisch nach vorn. Die Schultern der Mutter waren so breit, dass sie den Bildrand berührten. Auf dem Foto wirkte Klawdija selbstbewusst und gesetzt.

Die Zeit rast, ihnen fliegen die Tage davon, dabei haben sie sich erst Bruchteile ihres Lebens erzählt.

Am vierten Tag scheint Klawdijas Munterkeit wie fortgeblasen. Die Abreise rückt näher und sie kann nur noch weinen. »Ach, du kommst zu spät!« Ein Satz, der Dagmar zutiefst erschüttert. Auch der Anblick der traurigen Mutter vermag sie nicht zu bremsen: »Zu spät? Schließlich leben wir noch! Wie viele Jahre habe ich nach dir gesucht!« Dagmar versteht die Mutter nicht. Warum konnte sie sich nicht einfach freuen? Noch vor ein paar Wochen, als sie noch nicht wusste, dass sie am Leben ist, hätte sie sich sogar über ihr Grab gefreut, Hauptsache, sie hätte irgendetwas über sie herausgefunden!

Klawdija besteht darauf, dass Dagmar und Rudolf sich vor der Abfahrt zum Bahnhof nach russischer Sitte auf ihre Koffer setzen. Alle hören für einen Moment auf zu reden, die Reisenden sollen einen Augenblick innehalten, um sich einzustimmen auf die kommende Trennung und das vor ihnen liegende Ungewisse, das jede Reise mit sich bringt.

Als würde sie eine Todgeweihte verabschieden, begleitet die Mutter Dagmar zum Bahnhof. Sie weint ununterbrochen. »Nun hast du gesehen, wer deine Mutter ist, nun kommst du bestimmt nie wieder.«

Klawdija und ihre Tochter Alla/Dagmar

»Doch Mama, aber erst, wenn du dir angesehen hast, wie ich lebe.«

»Ist das eine Einladung?«

»Nein, ein Befehl. Komm, so schnell du kannst, wir warten schon jetzt auf dich.«

Klawdija zieht Dagmar an sich, verabschiedet ihre Tochter mit trockenen Küssen, die nur wegen der Tränen wie laute Schmatzer klingen. Allotschka, Mamotschka.

✩✩✩

»Sie ist da!« Dagmar gerät aus dem Häuschen. Als die Schiebetür in der Ankunftshalle des Berliner Flughafens zum ersten Mal aufgeht, entdeckt sie sofort die Mutter in der Menge. Marina, die gute Seele, müht sich mit dem Gepäckwagen ab.

Die Mutter stützt sich schwer auf den Stock. In dem abgetragenen grünen Steppmantel wirkt sie inmitten der gut gekleideten Fluggäste wie eine ärmliche Alte, die vieles dringender benötigt als den üppigen Blumenstrauß, der ihr entgegengestreckt wird. Anstelle von Stiefeln trägt sie Hausschuhe. »Wir müssen ihr Schuhe kaufen!«, nimmt sich Dagmar vor.

Rudolf fährt Dagmar und Klawdija zuerst nach Jeßnitz, Klawdija hatte schon vor der Abreise aus Belgorod darum gebeten, das Haus der Webers noch einmal sehen zu dürfen. Rudolf freut sich über seine neue Schwiegermutter, genau genommen war Klawdija all die Jahre die unsichtbare Dritte in ihrem Bund.

Ernst und in sich gekehrt sitzt sie neben ihm auf dem Beifahrersitz und schaut in die graue flache Industrielandschaft. »Weißt du, was man von dem platten Land hier sagt? Hier kannst du schon am Mittwoch sehen, wer dich am Sonntag besuchen kommt.« Die Dolmetscherin übersetzt, sie lachen, aber Klawdija ist mit ihren Gedanken ganz woanders.

Dagmars Blick fällt auf die kalten Schornsteine mit den verstopften Schloten, aus denen endlich nicht mehr der orangefarbene Pestatem blubbert und seine Giftladung weit übers Land bläst. Was immer Dagmar und Rudolf im Westen über Bitterfeld und die DDR erfahren konnten, hatte mit der gigantischen Umweltverschmutzung zu tun. Bitterfeld im Chemiedreieck – das klang wie Seenot im Bermudadreieck, das eine hing mit dem anderen untrennbar zusammen. Jetzt sind von den einst so produktiven Fabriken nur noch Ruinen übrig und auch die schrumpfen zu Schuttbergen, die bald verschwinden werden. Männer auf der letzten Station vor der Arbeitslosigkeit durchkämmen sie nach Verwertbarem: Schrott ins Kröpfchen, Edelmetalle ins Töpfchen. Der Rest landet auf einer Müllhalde, zurück bleibt eine Brache. Eine ganze Weile fahren sie am Silbersee entlang, dessen Namen nichts mit Romantik, sondern eher mit Zynismus zu tun hat. Das steile Ufer fällt fast senkrecht hinunter zu der schimmernden braunen Brühe, aus deren Mitte Bäume ihre toten Zweige in den Himmel recken, als hätte sie soeben jemand in ein Säurebad getunkt. Eine Landschaft zum Fortwünschen. Erst kurz vor Jeßnitz erkennt Klawdija die Umgebung wieder. Die Brücke, die über die Mulde führt. Ein kleiner Fluss in einer idyllischen Auenlandschaft. So hat sie Deutschland in Erinnerung.

Als der Wagen auf dem Hof der Weberschen Villa hält, hievt sich Klawdija schwerfällig hinaus. Sie lässt den Blick über den alten Stall schweifen, den gemauerten Durchgang zum Garten und schließlich über das Haupthaus mit seinen verschiedenen Eingängen. »Wie groß die Bäume geworden sind!« Plötzlich schlägt sie die Augen nieder, sinkt in sich zusammen, macht sich klein, zieht die schwarze Baskenmütze tief ins Gesicht. Noch ist keiner zu sehen, noch wäre es möglich fortzulaufen. Doch da geht die Tür auf, Eva, Irmgard und Ute treten heraus. »Wie alt sie sind«, flüstert Klawdija, was die Dolmetscherin leise, nur für Dagmar hörbar, übersetzt.

Dagmar schmunzelt. Alt werden anscheinend immer nur die anderen …

Klawdija geht auf die drei Frauen zu, gibt einer die Hand. »Guten Tag, Eva!«, dann ist Irmgard an der Reihe.

Neben den gepflegten Greisinnen wirkt die Mutter umso wuchtiger. Von beiden wird sie liebevoll umarmt, Freudentränen rollen über runzlige Wangen, schließlich schaut sich die Mutter Ute genauer an. Ute, das Baby! Von Ute schwenkt sie zu Dagmar und in diesem Moment verändert sich ihr Gesichtsausdruck. Wohl erst in diesem Augenblick begreift Klawdija wirklich, dass sie ihre Tochter zwar wieder, ihr Baby aber für immer verloren hat.

Während des Rundgangs durch das Haus stellt Klawdija eine Reihe von Veränderungen fest. Die Räume von Utes Kinderpraxis nehmen fast die gesamte untere Etage ein, die antiken Möbel aus Dr. Webers Zimmer stehen oben in der guten Stube. Der Anblick der Anrichte freut Klawdija, als hätte sie einen alten Bekannten wiedergetroffen. Die Treppe zu ihrer Kammer kommt ihr länger und steiler vor, als sie sie in Erinnerung hatte. Die Frauen plaudern fröhlich und unbeschwert, Klawdija gönnt ihren steifen Knien keine Pause. Sie ist aufgekratzt, möchte alles sehen, steigt vom Dachboden bis ganz nach unten in die Waschküche, geht hinaus in den Garten und zum Hühnerstall, der jetzt als Schuppen dient. Schließlich bittet sie die Schwestern, sie zu deren Eltern zu führen.

Mächtig ragen die Steine des Familiengrabes auf, die verwitterten Inschriften sind kaum mehr zu entziffern. Claus Weber, liest sie, ist am 16. Dezember 1968 gestorben. Da war Wladimir, ihr Sohn, längst geboren, sie bereits seit Jahren zum zweiten Mal verheiratet mit einem Mann, mit dem sie zeit seines Lebens kein Wort über die Webers, Jeßnitz und Alla gesprochen hatte.

Neben Claus Weber liegt Martha, seine Frau, die er immer Marte genannt hatte. Die Dolmetscherin wendet sich an Klawdija: »Ute will Ihnen etwas sagen.«

»Es sind die letzten Worte meines Großvaters. Meine Großmutter Marte hat sie aufgeschrieben und ich habe sie vor kurzem in den Aufzeichnungen entdeckt. Seine letzten Worte waren: ›Es war so ein schönes Leben mit dir.‹«

Klawdija hat Dr. Weber vor Augen, wie er abends an seiner Schreibmaschine saß und winzige Buchstaben in engen Zeilen auf das Papier tippte. Claus Weber und seine Marte! Klawdija hatte diese Ehe damals für eine Ausnahmeerscheinung gehalten. Eine Liebe, wie es sie nur im Roman gibt. Für ein altes Paar gingen sie ungewöhnlich aufmerksam miteinander um.

Er, der Beinamputierte, sie bis zuletzt eine elegante Erscheinung, die er anhimmelte. Claus Weber hatte zeitlebens nur für seine Marte Augen. Größer konnte der Kontrast zu seinem Schwager Grunemann kaum sein. Dessen Blicke befanden sich unablässig auf Wanderschaft. Sie hat sich also nicht geirrt. Klawdija verneigt sich tief vor dem Grab der beiden. Sie bekreuzigt sich mehrmals und ist ganz ruhig, als sie sich zum Gehen wendet.

Ihre nächste Station ist Bitterfeld, das Haus in der Wittenberger Straße, in der Dagmar ihre Kindheit verbrachte. Sie stehen vor einem stattlichen Gebäude, nicht ganz so prächtig wie die Jeßnitzer Villa. Das Haus ist von Fremden bewohnt, lange halten sie sich nicht auf. Sie suchen die Adressen der damaligen Kinderheime. Rudolf fährt Klawdija durch Bitterfeld, nach Zörbig und Wolfen. Auf diesen Straßen ist Klawdija damals unterwegs gewesen. Sie hat sie anders in Erinnerung. Das Barackenlager an der Filmfabrik ist verschwunden, kein Hinweis auf die Tausenden Zwangsarbeiter, die hier im Krieg geschuftet haben. Weiter weg, in Siebenhausen, soll es ein Denkmal für die KZ-Häftlinge geben. Warum nicht direkt vor dem Werk?

Nichts sieht mehr so aus wie früher. Die hölzernen Wassertürme wurden abgetragen, nur vereinzelt erinnern dunkelrote oder gelbe Ziegelbauten an das, was einst die Filmfabrik war. Der Stolz der Nazis und der DDR – wegplaniert. Vergangenheit.

In Braunschweig am Grab der Adoptiveltern tastet Klawdija nach Dagmars Hand und lässt sie lange nicht los, erst als sie sich bekreuzigen will. Da schüttelt sie ein Weinkrampf, sie zieht ihr Kopftuch tief ins Gesicht und schnäuzt sich.

»Spassiba, agromnoje bolschoje wam spassiba.« Die Dolmetscherin weiß, dass sie nichts übersetzen muss. Klawdija verbeugt sich immer wieder, lässt sich schließlich auf die Knie nieder. So verharrt sie vor dem Elterngrab. Im Auto und später über den Fotoalben aus Dagmars Kindheit wiederholt sie den Dank an Dagmars Eltern. »Was für wunderbare Leute. Wie gut es meine Kleine bei ihnen hatte! Viel besser, als je bei mir! Herrgott, du kannst mich hören: Ich danke ihnen von Herzen und ich danke dir!«

Dagmar verunsichert die Ehrerbietung, die Dankbarkeit der Mutter den Adoptiveltern gegenüber. So hatte sie es bislang nicht betrachtet. Der Vater hatte sich, auch weil er immer schwerhöriger wurde, mehr und mehr zurückgezogen. Der einst so fröhliche und erfolgreiche Mann verwandelte sich in einen knausrigen, missmutigen Einzelgänger, der ihnen das Leben mitunter sauer machen konnte. Allerdings schaffte er es nicht, mit seiner Übellaunigkeit ihrer Adoptivmutter die Lebensfreude zu nehmen. Ihr Leben drehte sich unverändert um Dagmar und bis zum Schluss blieb ihre Rollenverteilung bestehen: Die Mutter gab selbstlos, ohne je eine Gegenleistung zu erwarten. Dagmar, ihre mit Liebe überhäufte und verwöhnte Tochter, hielt dies für selbstverständlich.

Erst als sie beginnt, über die Eltern nachzudenken, fällt ihr ein Satz der Mutter ein: »Vater fühlt sich nicht mehr als richtiger Mann, es findet nichts mehr statt.«

Dagmar hatte die Äußerung der Mutter nicht verstanden, aber auch nicht nachgefragt. Ihr Urteil über den Vater stand ohnehin fest, er benahm sich mitunter unmöglich, mit ihm auszukommen fiel ihr und der Mutter dann gleichermaßen schwer.

Ihr kommt die winzige Wohnung in der Braunschweiger Broitzemer Straße in den Sinn. Dagmar, die Halbwüchsige, hatte ihr Bett im Schlafzimmer der Eltern. In seinen letzten rüstigen Jahren·musste der Vater Rücksicht nehmen, war den Eltern jede Intimität versagt. Vielleicht reagierte der Vater auch deshalb immer gereizter auf Dagmar?

Und ihre Mutter? Sie war immerhin achtzehn Jahre jünger als ihr Mann, stand zu dieser Zeit in der Blüte ihres Lebens. Sie war eine attraktive und sicher begehrenswerte Frau gewesen. Dass sie sich Dagmar gegenüber überhaupt zu einer solchen Andeutung hatte hinreißen lassen, war wahrscheinlich ein Hilferuf. Dagmar hatte ihn nicht deuten können.

Mitgefühl, Verständnis, einmal Interesse für ihre Mutter zu zeigen, hätten der womöglich gut getan. Dagmar bereut, wie sehr sie damals auf sich fixiert war, wie wenig sie die Sorgen der Mutter zu teilen fähig war. Da musste erst ihre leibliche Mutter kommen und ihr die Augen öffnen.

Als Klawdija abreist, scheint sie nichts davon abbringen zu können, dass dies nun wirklich die letzte Begegnung war. Sie geht in Frieden, denn nun hat sie sich davon überzeugt, dass die Tochter ein gutes Leben führt. »Der Herrgott wollte, dass wir uns noch in diesem Leben sehen. Es ist geschehen und nun kann ich beruhigt von der Erde abtreten!«

Dagmar schaut Klawdija traurig an. »Warum redest du so?«

Als sie das Gesicht der Mutter nach dem Grund dafür absucht, findet sie nichts als Güte und Liebe. Die grauen Augen unter den buschigen Brauen schauen sie klar und offen an, sodass sie nicht anders kann, als der Mutter übers Haar zu streichen.

Dagmar lässt die Mutter fahren. Jede führt ihr eigenes Leben, daran wollen sie nicht rühren.

Im Sommer ist Belgorod kaum wiederzuerkennen. Statt des tiefen Himmels, der im Winter auf dem Ort wie ein schwerer Sack lastete, strahlt die Sonne durch hauchzarte weiße Wattewölkchen. Grün verdeckt das ewige Grau der schmucklosen Bauten, die Frauen tragen bunte Kleider und selbst die Mutter sieht mit ihrer geblümten Bluse beinahe festlich aus. Dagmar und Rudolf freuen sich über diese Wandlung, Carola und die mitgereisten Enkel machen ihrer Babuschka so viele Komplimente, dass die ständig verschämt kichert. Dagmar betrachtet ein wenig erstaunt die Leichtigkeit zwischen ihrer Tochter und deren Großmutter.

Ohne jede Scheu schmust Carola mit ihrer Oma, legt ihr den Kopf in den Schoß und lässt sich streicheln, bekommt Gutenachtküsse. Beinahe spielerisch hatten beide Töchter vor Jahren die Nachricht aufgenommen, dass ihre wahren Großeltern wahrscheinlich aus Russland stammten. Die Töchter machten von der Eröffnung, mit der Dagmar bis nach dem Tod der Adoptivmutter gewartet hatte, wenig Aufheben. Dass sie russische Vorfahren hatten, fanden sie »irre« und dass ihre Mutter ein Adoptivkind war, bewog Carola nur zu der Frage: »Und wir, sind wir wenigstens echt?«

Dagmar wünscht sich gerade jetzt diese Sorglosigkeit. Vieles, was sie mit der Mutter beredet und was unglückseligerweise immer übersetzt werden muss, kommt falsch an. Dagmar fragt – zum wievielten Mal eigentlich? – nach ihrem Vater. In der Geburtsurkunde ist ein Iwan Steblewa eingetragen. Ohne Angaben zu dessen Geburtsdatum oder -ort. Sein Nachname stimmt nicht, seine Religion ebenso wenig. Der Vater kann unmöglich Iwan Steblewa geheißen haben, denn ein »a« am Ende eines Familiennamens ist Frauen vorbehalten. Als die Zeitungsredaktion ihren Brief abdruckte, haben die Redakteure den Namen automatisch korrigiert, sie hielten ihn offensichtlich für einen Fehler, den nur Alla, eine Ausländerin, gemacht haben konnte. Klawdijas Geburtsname lautete Romenko. Steblewa war ihr Nachname aus erster Ehe. Von einer zweiten Heirat, während des Zweiten Weltkrieges, war nichts bekannt, zumal ihr russischer Mann wohl kaum den Namen seines Vorgängers angenommen hätte. Die Mutter hatte die zweite Hochzeit zu diesem Zeitpunkt nie erwähnt, weil die so früh noch nicht stattgefunden hatte.

Iwan war in Klawdijas Schilderungen auch ein russischer Zwangsarbeiter, der sie und Alla sonntags zu Spaziergängen abholte. Aber weder Eva noch Irmgard hatten ihn je zu Gesicht bekommen. Von einem russischen Gefährten in Klawdijas Nähe wussten sie nichts. Nur, dass der Bruder sie einmal besucht hatte. Iwan Steblew oder Steblewa war den Weber-Töchtern unbekannt. Wie die Mutter wird auch er kaum katholisch, sondern bestenfalls russisch-orthodox gewesen sein. Kleine Nachlässigkeit eines deutschen Standesbeamten, der sich mit russischen Familiennamen nicht auskannte? Oder absichtlich falsche Angaben?

Die Mutter verstrickt sich in Widersprüche. Sie gibt vor, nicht mehr zu wissen, wie Iwans richtiger Nachname lautete. Mal hat sie ihn auf der Fahrt nach Deutschland kennen gelernt, mal in der Fabrik, mal diente er als Knecht auf einem Bauernhof in der Nähe der Jeßnitzer Arzt-Villa. Sie macht unterschiedliche Aussagen zu seinem Alter, seiner Größe, zur Augenfarbe. Einmal soll er Russe, das nächste Mal Ukrainer gewesen sein. Aus welcher Stadt er stammte, vermag sie gleich gar nicht zu sagen. Unmöglich! Wenn sich Russen begegnen, das weiß Dagmar inzwischen, ist dies eine der ersten Fragen, die sie einander stellen, denn nichts lieben sie mehr, als von ihrem Heimat-ort zu schwärmen. Kursk im Winter? Ein einziges Märchen! Aber im Sommer erst, da muss man Kursk sehen! So hatte sie es bei einem Treffen mit ehemaligen Zwangsarbeitern von Belgorod doch selbst erlebt. Nur die Mutter soll das nicht gefragt haben? Ausgerechnet ihren Liebsten nicht? Ihre Erklärungen sind nicht schlüssig, irgendetwas scheint an ihnen faul zu sein. Dagmars Eindruck verstärkt sich, als die Dolmetsche-rin ihre Nachfragen nicht mehr übersetzt. Häufig ge-schieht es, dass die Übersetzerin anstelle der Mutter antwortet oder auf Klawdija einredet, sie geradezu beschwört.

»Übersetzen Sie lieber, statt sich ständig einzu-mischen!«, empört sich Dagmar. Sie vermag nicht ein-zuschätzen, auf welche Weise die bisher allzu devote Dolmetscherin die Mutter manipuliert, dass sie aber ihr eigenes Spiel spielt, meint sie zu spüren. Die Mut-ter antwortet nicht mehr frei, auch Rudolf teilt diesen Eindruck.

Ihr Entschluss steht fest: Noch dieses eine Mal soll ihnen die Dolmetscherin behilflich sein, dann werden sie jemand anderen bitten. Klawdija Iwanowna von der Zwangsarbeitervereinigung hat einen guten Draht zu den hiesigen Universitäten.

»Vielleicht ist Grunemann mein Vater? Möglicher-weise hat er sie noch in Belgorod oder auf dem Weg nach Deutschland vergewaltigt? Denk nur an die vielen deutschen Frauen, die oft jahrzehntelang nicht darüber sprechen konnten, dass Soldaten der Roten Armee über sie hergefallen sind. Vielleicht ist es bei ihr ähnlich, vielleicht schämt sie sich?«

Rudolf wehrt sich, gleich das Schlimmste anzunehmen, aber seine Überlegungen gehen in eine ähnliche Richtung. »Oder er hat seine Befehlsgewalt ausgenutzt. Immerhin war er der Kommandeur des Sanitätszuges. Und sie hat erkannt, dass es für sie erträglicher wird, wenn sie gute Miene zum bösen Spiel macht.«

»Und wenn sie tatsächlich etwas miteinander hatten? Eine Affäre oder gar was Ernsthaftes?«

»Dann hätte sie den Feind geliebt. Dann wäre erst recht verständlich, warum sie die ganze Zeit geschwiegen hat. Als Volksverräterin wäre sie im GULag gelandet und würde wohl heute noch von den meisten dafür verachtet werden. Diese Indoktrination hat sich eingebrannt in die Gehirne.«

»Oder sie weiß tatsächlich nicht, von wem genau sie schwanger geworden ist! Vielleicht gab es noch jemanden, tatsächlich einen russischen Zwangsarbeiter? Warum nicht? In ihrer Verzweiflung hat sie vielleicht besonders nach Wärme und Trost gesucht.«

Die Spekulationen führen zu nichts. Sie müssen die Mutter zum Reden bringen! Warum weigert sie sich so hartnäckig?

Klawdija bleibt dabei. Freundlich und ein wenig traurig beharrt die Mutter auf ihrer Darstellung, die Dagmar in der Wiederholung noch unglaubwürdiger vorkommt. Enttäuscht fährt sie mit Rudolf, Carola und den Enkeln nach Deutschland zurück. Carola mischt sich in den Streit nicht ein, für sie ist Russland ein aufregendes Abenteuer. Ihre neue Oma, ihre Babuschka, hat sie so lieb gewonnen, dass sie sie am liebsten einpacken und mitnehmen würde, wie die russischen Matrjoschka-Holzpüppchen.

Beim Abschied ist es Dagmar, die weint. Sie findet, dass sie ein Recht hat zu erfahren, wer ihr Vater war. Statt einer Antwort meint sie, Ausreden und Ausflüchte zu hören bekommen zu haben. Das ist ihre feste Überzeugung. Sie kann sich keinen Reim darauf machen, warum die Mutter ihr die Wahrheit vorenthält.

Dagmars Misstrauen wiederum kränkt Klawdija so sehr, dass sie ihr einen Brief schreibt: »*Mein liebes Töchterchen, meine Allotschka, es macht mich unglücklich, dass Du denkst, ich würde Dir nicht die Wahrheit sagen. Aber das tue ich, es ist die Wahrheit. Wir können das nächste Mal darüber sprechen.*«

Statt wie sonst der Dolmetscherin den Brief zu zeigen – die Zusammenarbeit ist vorläufig ausgesetzt – gibt sie ihn ihrer Russischlehrerin. Da er keine Neuigkeit enthält, wendet sie sich erneut an die Weber-Töchter, mit denen ihre Mutter schließlich monatelang unter einem Dach gelebt hat. Nach ihren Schilderungen war Grunemann der Filou der Familie. »Über den hat sich Großvater sogar in seinem Tagebuch geärgert«, erinnert sich Ute, die sich seit Dagmars Auftauchen mehr und mehr für die Geschichte ihrer Familie interessiert. »Grunemann war Großvaters Schwager. Ein Lebemann, zu dem seine unscheinbare Frau nicht zu passen schien. Auf den Familienfotos schaut sie immer trübselig drein und hatte wegen seiner ständigen Eskapaden wohl auch allen Grund dazu. Großvater tadelte ihn dafür mehrfach. In seinem Tagebuch beklagt er, wie wenig seine Ermahnungen bewirkten.«

So wie sich Grunemann in immer neue Affären stürzte, so liebte er die Technik und schaffte es, Dr. Weber zu überreden, für ihre Praxisgemeinschaft ein Auto anzuschaffen – eine Sensation im ganzen Kreis. Als Ute die Geschichte von dem Auto erzählt, kommt Dagmar der Adoptivvater in den Sinn. Sicher hätte sich der niemals einen Jux daraus gemacht, Fußgänger zu erschrecken – garantiert hätte er nie ohne Grund gehupt und schon gar nicht Passanten fast die Zehen abgefahren, was Grunemann offenbar regelmäßig getan und für einen Mordsspaß gehalten hatte.

»Grunemann war immer für Überraschungen gut. Dass er plötzlich mit drei russischen Mädchen auftauchte, hätte Großvater bei jedem anderen erstaunt, bei Grunemann aber war das nichts Besonderes.«

Je mehr Ute von Grunemann erzählt, desto dringender will Dagmar die Aufzeichnungen von Dr. Weber sehen. Ob ihr Ute die Stellen über Grunemann zeigen würde?

Nach einigem Zögern holt Ute die Schatulle, die über zweihundert dicht beschriebene und vergilbte Schreibmaschinenseiten enthält. Sie sucht die entsprechenden

Passagen und als sie sie nicht sofort findet, übergibt sie Dagmar die Blätter. »Über deine Mutter wirst du nichts finden, denn die Aufzeichnungen enden 1939, aber Grunemann erwähnt er bis dahin mehrfach.«

Mit *Erinnerungen und Betrachtungen 1886 bis 1918* waren die ersten Seiten überschrieben. Claus Weber hatte ihnen ein Inhaltsverzeichnis vorangestellt.

Hastig überfliegt Dagmar die ersten Seiten, auf der Suche nach dem Namen Grunemann. Akribisch beschreibt Claus Weber den Ersten Weltkrieg, seine Verwundung und seine große Angst, nun als »Krüppel« die Liebe seiner angebeteten Frau Martha zu verlieren. Dagmar, die genau danach in dem Brief an die noch unbekannte Mutter gefragt hatte, ist überrascht, ausgerechnet darüber ausführliche Aufzeichnungen zu finden.

Über Grunemann erfährt sie, dass er in Jena Medizin studiert, als Assistenzarzt in Dresden gearbeitet hatte und in Webers Gemeinschaftspraxis eingestiegen war. Grunemanns spätere Frau Lotte ist Webers Schwägerin. Er traf sie das erste Mal 1913 in Bobbau, einem Nachbardorf von Jeßnitz. Dagmar hat den kleinen Ort genau vor Augen. Der angehende Bräutigam weckte in Claus Weber zwiespältige Gefühle: »*Seine Fechtkunst war nicht groß. Aber sonst zeigte er durchaus Führereigenschaften. Vor allem war er wie alle Waffenstudenten stark rechts eingestellt und setzte sich energisch zur Wehr gegen die roten Machtgelüste in Jena.*«

Führereigenschaften? Waffenstudenten? Klingt wie ein Geschichtsbuch über längst vergangene Zeiten. Dagmar nimmt sich vor, im Lexikon nachzusehen.

Dann findet sie, woran sich Ute erinnert hatte: »*Ich billigte sein Verhalten keineswegs, schon auch gegenüber seiner Braut, meiner Schwägerin Lotte, und ich habe ihm sehr scharf meine Meinung gesagt. Er versprach mir, dass er seine Lebenshaltung ändern würde.*« Grunemann heiratete Lotte am 6. Januar 1927, eine Hochzeit, auf der Claus Weber bereits böse Vorahnungen beschlichen. »*Ich konnte nicht ganz das Gefühl des Unbehagens unterdrücken, da ich wusste, wie sich Grunemann in den letzten Jahren verhalten hatte.*«

Die Familie Weber führte ein mondänes Leben. Marte spielte in Wolfen Tennis, sie machten Ferien auf Borkum in der Nordsee. Was Claus Weber bereits 1929 an der Insel schätzte, schockiert Dagmar: »*Borkum war ein ausgesprochenes Seebad für Akademiker und Offiziere, berühmt durch seine Judenfreiheit (im Gegensatz zu Norderney) … Gesellschaftlich war viel los in Borkum. Die gepflasterte Strandpromenade war mehr als 1 km lang. In der Mitte lag die Wandelhalle mit Musik-Pavillon. Am Schluss jedes Konzertes wurde das Borkumlied gespielt, das von allen mitgesungen wurde:* ›*Doch wer sich naht mit platten Füssen, mit Nasen krumm und Haaren krauss, der soll nicht deinen Strand geniessen, der muss hinaus, der muss hinaus.*‹« Die Webers Judenhasser und Grunemann etwa auch? Mitläufer in jedem Fall, mindestens: »*An mich selbst trat die SA immer* wieder heran, ich sollte SA-Arzt werden, da die beiden anderen Ärzte (Grote und Grunemann) beim NS-Kraftfahr-Korps waren. Lange habe ich mich dagegen gewehrt, schließlich ließ ich mich überreden. Ich trat in die SA als Arzt ein, hauptsächlich, um nicht in die NSDAP ... zu müssen. Ich stellte die Bedingung, dass ich nur als Arzt tätig sein wolle, aber niemals parteipolitisch; auch zu sonstigem SA-Dienst wollte ich keinesfalls herangezogen werden. Ich hatte zahlreiche Reihenuntersuchungen vorzunehmen und die Gesundheitsbögen zu führen, weiter musste ich SA-Sanitätsmannschaften ausbilden, was mir alles wohlvertraut war. So wurde ich schnell befördert und wurde Obersturmführer ...*

Bei den Ärzten wurden alle Juden von der Kassen-Praxis ausgeschlossen, Dies waren in den Großstädten sehr viele, so in Dessau von insgesamt 60 Ärzten 12, in Bitterfeld, hauptsächlich Landbezirke, war es nicht einer. Noch größer war der Prozentsatz der Juden bei den Rechtsanwälten.«

Weber freut sich über die neuen Autobahnen, »*die schönsten und bequemsten Schnellstraßen der Welt*«, deren Bau »*der Arbeitslosigkeit energisch zu Leibe geht*«. Die Töchter Irmgard und Wiltrud waren Mitglied im Bund deutscher Mädel, der Sohn Ernst trat ins Jungvolk ein, später in die Hitlerjugend. Als Dagmar das Kapitel über 1936 beginnt, stößt sie wieder auf den gesuchten Namen: »*Grunemann gehörte der neuen Wehrmacht ... als Stabsarzt der Reserve an.*«

Während Claus Webers Sympathie für Hitler ab

1937 deutlich nachließ, schien seine Frau Marte Feuer und Flamme gewesen zu sein. »*Marte war immer noch begeistert von der NSDAP. Sie war in der NS-Frauenschaft und machte sogar einen der großen Parteitage in Nürnberg mit. Wir SA-Angehörigen wurden, ohne dass wir gefragt wurden, plötzlich in die Partei als Mitglieder aufgenommen. Marte, die auch der Partei beitreten wollte, riet ich davon dringend ab. Sie hat es dann auch nicht getan, was sich später als recht gut erwies.*«

Was bislang ferne Geschichte war, drängt plötzlich in Dagmars Leben, bekommt Stimmen, Gesichter. Irmgard und Eva kennt sie schließlich. Wiltrud, die Schwester, ist tot, Ernst, der Bruder, gefallen. Die Familie hatte zweifellos ebenfalls schwere Zeiten erlebt, Claus Webers Aufzeichnungen klingen immer besorgter: »*Ernst, der inzwischen zur SA übergetreten war, kam am 7. November 1938 abends plötzlich ganz aufgeregt vom SA-Dienst nach Hause. Sie waren alle eben dazu befohlen worden, alle noch vorhandenen Judenwohnungen zu zerstören. Da sei er nach Hause gekommen, weil er so etwas nicht mitmachen wolle, womit er auch recht getan hat. Denn was hier geschah, war unerhört. Man verließ vollkommen den Boden des Rechts und der Menschlichkeit. Als äußerer Anlass war die Ermordung des Botschaftsrats von Rath in Davos durch einen Juden ... genommen (worden). Ich habe die völlige Entmachtung der Juden in Deutschland und Entfernung aus allen Staats- und wichtigen Privatstellen, auch eine teilweise Wegnahme durch ordnungsgemäße Besteue-*

rung der oft großen Vermögen, die sie meist den Deutschen abgenommen hatten, für gerechtfertigt gehalten, und dass man ihnen eine Auswanderung mit dem Rest ihres Vermögens möglichst erleichtern sollte. Sie hatten im Laufe der Jahrhunderte den Deutschen soviel Böses getan und sich ... durch Verderben der deutschen Rasse hervorgetan, dass sie sich über unsere Ablehnung nicht wundern konnten. Was aber nun geschah, hieß, den Boden des Rechts und der Anständigkeit verlassen. Die Juden wurden fast alle festgenommen und verschleppt in Konzentrationslager, die damals erstmalig aufkamen, ohne dass wir ahnen konnten, was dort vorging. Auch alles das konnte man nicht billigen.«

Webers Jahresberichte waren nachträglich entstanden. Warum die Aufzeichnungen 1939 endeten, weiß Ute nicht. Genauso wenig kann sie sagen, wann ihr Großvater sie verfasst hat.

Eine Szene aus Webers Schilderungen geht Dagmar nicht aus dem Kopf: Schon 1888 schreibt Weber die Anekdote mit dem Pinscher Aly, angeblich ein intelligentes Tier. »Er machte ›Schön‹, dann legte man ihm ein Stück Zucker auf die Nase. Er warf den Zucker in die Höhe und fing ihn wieder auf. Wenn man ein gutes Stück Wurst vor ihn hinlegte und sagte: ›Nimm's nicht, es ist vom Juden‹, dann lehnte er es ab.«

Was hatte wohl damals gesiegt: Webers Anstand oder sein Antisemitismus, Rassismus? Hatte er in ihrer Mutter die Vertreterin einer minderwertigen Rasse gesehen, einen Untermenschen gar?

Klawdijas Wiedersehen mit den Weber-Töchtern ist herzlich gewesen, wie ehrlich aber sind die Frauen zu ihr, zu sich selbst, über fünfzig Jahre nach dem Krieg?

»Ich muss meiner Mutter ganz andere Fragen stellen!«, beschließt Dagmar.

»Welche Antworten erwartest du?«, warnt Rudolf sie: »Wenn sie schlimme Erfahrungen machen musste, ist sie froh, dass sie sie vergessen hat. Wir wollen alle nur die guten Erinnerungen bewahren.«

»Du mit deinem Harmoniebedürfnis! Es ist keine gute Erinnerung, sein Kind weggeben zu müssen. Woher willst du wissen, dass sie mich nur ins Heim bringen musste, weil es zu eng in der Villa geworden war? Mutter ist Russin, ich ein mindestens halb-russisches Kind. Vielleicht musste ich fort, weil ich der lebende Beweis einer ›Rassenschande‹ war, Grune-mann damit die ganze Familie in Gefahr brachte?«

Je mehr Fragen sie Ute stellt, desto zugeknöpfter reagiert die. Immer weniger mag sie noch mit Rudolf Konzertpläne schmieden. Kein Wort fällt mehr von einem Auftritt des Chors, in dem Ute singt, mit Rudolf als Solisten.

Dagmar hat das Gefühl, dass die Webers nicht die ganze Wahrheit erzählen, Ute wiederum hört aus den Fragen Unterstellungen heraus. Ihr Großvater soll ein Nazi gewesen sein? Lächerlich! Klawdija diente als Zwangsarbeiterin im Haus? Wieso Zwang? Sie war das russische Hausmädchen!

Der Militärarzt Grunemann, mit dem Klawdija nach Deutschland kam

Dass Dagmar sich immer genauer für die Weber-Familie interessiert und immer häufiger über Grunemann als Vater nachdenkt, liegt an Ute. Sie hat ihr die Stellen im Tagebuch gezeigt, die den Eindruck bestätigen, dass Grunemann ein Schürzenjäger war. Was man sich heute in Utes Familie über ihn erzählt, ist zusätzliches Wasser auf diese Mühlen. Wie bedauerlich, dass man Grunemann nicht mehr selbst fragen kann. Er ist seit Jahrzehnten tot.

Aber warum hat Ute ihr zunächst so bereitwillig Auskunft gegeben, wenn sie jetzt nicht will, dass Dagmar nachfragt? Hat sie Angst, dass ein Schatten auf die Familie fällt?

»Sie soll mir schriftlich antworten!«, ruft Dagmar eines Morgens. Sie ist aufgekratzt und so sehr vom Erfolg überzeugt, als hätte sie ihn schon in der Tasche. Rudolf wartet, bis sie von selbst merkt, dass sie ihn auf ihren Gedankensprüngen schon mitnehmen muss.

»Ich bitte sie in einem Brief um die Wahrheit über meinen Vater und schlage ihr vor, die Antwort aufzuschreiben, den Brief zu versiegeln und bei einem Notar zu hinterlegen. Wenn sie will, bis nach ihrem Tod.« Rudolf weiß, dass sie jetzt seine Zustimmung erwartet. Aber warum sollte die Mutter zu einer schriftlichen Antwort eher bereit sein als zu einer mündlichen? »Wenn es ihr um ihren Ruf geht, dann wird sie ihn schadlos halten wollen, auch über ihren Tod hinaus.« Dagmar lässt sich nicht beirren: »Es ist ein Versuch. Besser als die Quälerei, sie zu fragen, ihre Tränen zu sehen und jedes Treffen von vornherein zu belasten. Und vielleicht ist es die Brücke, über die sie gehen kann.«

Klawdija bestätigt der Dolmetscherin am Telefon, dass sie den Brief bekommen hat, doch was sie nun zu tun gedenkt, darüber verliert sie kein Wort.

So wie Dagmar anfangs ihr Glück, die Mutter gefunden zu haben, am liebsten in alle Welt hinausposaunt hätte – sie musste sich zurückhalten, es nicht jedem

Wildfremden zu erzählen – so würde sie jetzt am liebsten brüllen. Vor Verzweiflung und Machtlosigkeit. Es will ihr einfach nicht gelingen, der Mutter das Geheimnis zu entlocken.

Zwischen der geschassten Dolmetscherin und Klawdija besteht noch immer ein engerer Kontakt, als Dagmar lieb ist. Sie kann den beiden den Umgang miteinander nicht verbieten, aber er missfällt ihr. Sie hat das Gefühl, dass die Dolmetscherin Klawdija politisch korrekte Antworten diktiert, damit auch Jahre nach dem Zerfall der Sowjetunion kein schlechtes Licht auf das Vaterland fällt. Wenn die Deutschrussin zu ihrer Mutter nach Belgorod fährt, schaut sie immer auch bei Klawdija vorbei. Von diesen Besuchen erzählt die Dolmetscherin Dagmar immer erst hinterher. Dagmar will aber vorher Bescheid wissen und ist aufgebracht. »Was die sich einmischt! Sie hätte es mir früher sagen müssen!« Andererseits erfährt sie auf diese Weise häufiger, wie es Klawdija geht. Die Knie bereiten immer größere Probleme, die Mutter verlässt kaum noch das Haus.

Dagmar will helfen und bittet die Mutter, sich in Deutschland behandeln zu lassen. Sie drängt sie, ein zweites Mal nach Deutschland zu kommen. Klawdija willigt Dagmar zuliebe ein, obwohl sie die Strapazen der Reise mehr als die Schmerzen fürchtet.

»So, Mama, jetzt unternehmen wir etwas gegen deine Beschwerden!« Generalstabsmäßig hat Dagmar die Arztbesuche organisiert. Sie hat einen Orthopäden aufgetrieben, der bereit ist, ihre Mutter unentgeltlich zu operieren.

»Heute lassen wir erst einmal deine Knie röntgen und dann erfahren wir, wann du ins Krankenhaus kannst.«

Klawdija, der Dagmars Elan immer unheimlicher wird, beruhigt sich. Röntgen tut schließlich nicht weh, eine Untersuchung ist noch keine Operation. Sie müht sich die vielen Treppenstufen von Dagmars Haus hinunter zur Straße und überlegt, wie oft sie dazu noch in der Lage sein wird.

Der Arzt eröffnet ihr, dass der Eingriff schon in den nächsten Tagen stattfinden könnte. Erst am rechten und nach ein paar Wochen dann am linken Knie.

Klawdija hört zu und nickt.

Zu Hause berichtet ihr Dagmar stolz, dass sie sogar schon eine Rehabilitationsklinik gefunden hat, die Klawdija ebenfalls kostenlos aufnehmen würde.

»Heißt das, dass ich von der orthopädischen Klinik gleich ins nächste Krankenhaus muss?«

»Natürlich, das geht nur so. Nach einer Knieoperation brauchst du physiotherapeutische Übungen, du musst Krankengymnastik machen, damit du wieder gehen lernst. Ohne Reha-Klinik sind die Operationen sinnlos.«

»Was soll ich mit Gymnastik? Ich habe in meinem Leben keinen Sport getrieben und jetzt fange ich mit über achtzig damit an?«

»Nun lass dich doch erst einmal operieren, vielleicht kannst du ja auch zur ambulanten Physiotherapie.«

»Nein. Lasst das. Ich will das nicht. Wozu soll ein so alter Mensch wie ich gleich drei Mal ins Krankenhaus? Das ist rausgeworfenes Geld.«

»Wenn ein Mensch krank ist, geht er zum Arzt. Und dort wird er behandelt, egal, ob er alt ist oder jung.«

»So ist das bei euch in Deutschland. In Russland sind alte Leute alt. Wozu für sie der ganze Aufwand, wenn sie sowieso bald sterben? Bei uns spart man sich diesen Zinnober. Gott sei Dank.«

Und das ist Klawdijas letztes Wort in dieser Angelegenheit. Ihr Leben lang hat sie getan, was andere von ihr verlangten. Jetzt, wo es nur um ihre eigene Gesundheit geht, ist Schluss damit. Wenn Dagmar sie später fragen wird, welche Medikamente sie benötigt, wird ihr Klawdija die immer gleiche Antwort geben: »Gar keine. Ich bin ein alter Mensch. Ich will nicht gesund werden, sondern so bald wie möglich sterben. Gott lässt mich nur nicht.«

»Mama, kannst du nicht aufhören so zu reden? Du tust mir weh damit.«

»Unsere Babuschka will sterben? Wo gibt es denn so was?« Carola, die die Großmutter bei ihrem zweiten Besuch in Deutschland noch nicht gesehen hat, fällt ihr um den Hals. Klawdija küsst sie links und rechts und links und schließlich auf den Mund. »Babuschka, sterben kannst du später, jetzt musst du dir erst mein Zuhause ansehen! Und vor allem deine Urenkel begrüßen! Wie fühlt man sich eigentlich, wenn man Uroma ist?«

Carola fegt wie ein Wirbelwind durch die Stube, die trübe Stimmung ist wie fortgeblasen. Sie helfen Klawdija ins Auto.

Klawdija, die die meiste Zeit ihres Lebens in ihrer Zwei-Zimmer-Plattenbauwohnung zugebracht hat, hält die deutschen Einfamilienhäuser für unerhörten Luxus. Als sie erfährt, wie teuer die Enkelinnen dafür bezahlen, dass fast ihr gesamtes Einkommen in die Baukredite fließt, findet sie diese Anstrengung völlig unnötig: »Warum zieht ihr nicht in eine Mietwohnung?«

Sie müssen zu Dagmar zurück, denn die will Klawdija zu Ehren ein Fest ausrichten. Die Töchter samt Männern und Kindern sind eingeladen, damit Klawdija die ganze Familie sieht. Dass es eine Überraschung geben wird, ist allerdings noch Dagmars Geheimnis. Nur Rudolf kennt ihren Plan, der zunächst vorsieht, nach dem Essen Fotos anzuschauen. Die Töchter haben ihre Alben mitgebracht. Doch irgendwann spürt Carola, dass Klawdija sie nur höflichkeitshalber durchblättert. »Bestimmt interessieren die alten Alben Babuschka viel mehr.« Besser hätte es Dagmar in kein Drehbuch schreiben können! Sie holt das Album, in das sie ein Bild lose hineingelegt hat: Das Foto von Dr. Grunemann. Es liegt etwa in der Mitte. Als Klawdija die Seite aufschlägt, fragt Dagmar sie wie beiläufig: »Und wer ist das, kennst du ihn?«

Klawdija nimmt das Foto nicht einmal zur Hand. Sie wirft einen schnellen Blick auf den Mann in Uniform. »Nie gesehen. Den kenne ich nicht.« Dagmar hält ihr das Foto unter die Nase. »Ute sagt, das ist Dr. Grunemann. Der euch nach Deutschland geholt hat. Den musst du doch kennen.« Die Dolmetscherin übersetzt. »Das ist er nicht. Der sah anders aus.« Für Klawdija ist das Thema erledigt. Wenn sie verärgert sein sollte, ist ihr nichts anzumerken, die Töchter haben von dem Überrumpelungsversuch nichts mitbekommen, sie sind schon bei den nächsten Bildern.

Wie Klawdija auf das Klingeln an der Tür reagiert, zeigt Dagmar, dass die Mutter Bescheid weiß. Sie hat spitz gekriegt, dass die Tochter etwas im Schilde führt und hat sich innerlich sichtlich dagegen gewappnet. Dagmar tut erstaunt, als sie Christoph Grunemann an der Tür begrüßt. Ein wenig zu laut, ein wenig zu sehr gespielt.

»Christoph, na so eine Überraschung. Gerade haben wir von Ihrem Vater gesprochen. Wissen Sie, wer da ist? Meine Mutter aus Belgorod. Kommen Sie doch herein!«

Dagmar führt Christoph ins Zimmer, die Mutter tut, als sei sie ins Gespräch vertieft, nimmt von dem Neuankömmling kaum Notiz. Als Dagmar ihr Christoph vorstellt, reicht sie ihm die Hand, sagt außer »Guten Tag!« kein weiteres Wort. Christoph begrüßt die Töchter und Schwiegersöhne. »Christoph Grunemann, der Sohn des Wehrmachtsarztes. Mit seinem Feldlazarett ist die Oma nach Deutschland gekommen.« Dagmar hofft nach diesem Beginn, dass sich ein Gespräch über die Vergangenheit entspinnt. Aber weder Christoph noch Carola oder Tanja ergreifen die Initiative.

»Mama, das war doch Dr. Grunemann, der dich nach Jeßnitz gebracht hat, nicht wahr?« Dagmars Versuch, das Gespräch anzuschieben, misslingt.

Die Mutter macht ein unbeteiligtes Gesicht und Christoph Grunemann hat es immer noch die Sprache verschlagen.

Unvermittelt steht Klawdija auf und verlässt das Wohnzimmer. Als sie nach ein paar Minuten noch nicht zurück ist, bietet Carola an, nach ihr zu sehen.

»Sie kann doch nicht einfach so verschwinden!«, ereifert sich Dagmar und sieht hilfesuchend zu Christoph Grunemann hinüber: »Ohne sich zu verabschieden, das tut man doch nicht!«

»Was ist denn dabei?«, verteidigt Carola die Großmutter, als sie wieder das Wohnzimmer betritt. »Babuschka hat sich hingelegt, ihr ist nicht wohl. Die Häusertour, die Feier und dazu der Besuch waren wohl zu viel für sie.«

Christoph Grunemann lässt seinen Kaffee stehen. Jetzt, da der Plan gescheitert ist, hält ihn nichts mehr in dem Haus. Er verabschiedet sich kühl.

Dagmar macht ihn verantwortlich für das Scheitern ihres Plans. Weshalb hat er die Mutter nicht in ein Gespräch über seinen Vater verwickelt? Er hätte ihr unzählige Fragen stellen können: Wo sein Vater im

Krieg stationiert war, wo sie ihn getroffen hat, was für ein Arzt er war, was für ein Vorgesetzter, ob er selbst einmal verwundet war, auf welchem Wege sie nach Deutschland gekommen sind, wie groß das Lazarett war, welche Verletzungen die Soldaten erlitten hatten? All das kommt Dagmar ad hoc in den Sinn, ohne lange nachzudenken, doch sie kann schließlich schlecht für Christoph Grunemann fragen, dann würde ihr Plan sofort auffliegen. Was hat Grunemann erwartet? Dass er Klawdija ohne Umschweife fragen kann, ob Dagmar seine Halbschwester ist? Dass Grunemann die Situation peinlich sein könnte, kommt ihr gar nicht in den Sinn.

Carola verwechselt Dagmars Ärger über Christoph Grunemann mit dem über Klawdija. Wieder nimmt sie Klawdija in Schutz: »Ständig soll Babuschka ein Programm absolvieren! Lass sie doch einfach mal ausruhen!«

»Darum geht es doch gar nicht.«

Carola lässt nicht locker, sie registriert nicht, dass sie an einander vorbei reden.

»Was sollte das, wieso ist dieser Christoph Grunemann so wichtig, dass du ihn gerade jetzt, wenn Babuschka da ist, einladen musstest?«

»Weil er von ihr Geschichten über seinen Vater erfahren könnte, die er noch nicht kennt. Sein Vater hat ihm so gut wie nichts von seiner Zeit in Russland erzählt.«

»Aber das ist doch nicht deine Sorge!«

»Ein wenig schon, denn es könnte sein, dass er nicht nur zu unserer Vergangenheit, sondern vielleicht sogar zu unserer Familie gehört. Es heißt, er sieht seinem Vater ähnlich, ich wollte Mutters Gesicht sehen.«

Endlich fällt bei Carola der Groschen, bringt sie die Fragerei nach dem Vater mit Christoph Grunemanns Besuch zusammen.

»Du wolltest sie also reinlegen? Sie sollte schockiert sein, wenn sie ihn sieht, weil er vielleicht aussieht wie der alte Grunemann? Und sie hat Wind davon gekriegt! Schlaue Babuschka!«

»Naja, es ist vielleicht nicht ganz fair, aber wenn sie mir partout nicht sagen will, wer mein Vater ist, muss ich zu anderen Mitteln greifen.«

»Vielleicht sieht er seinem Vater nicht in dem Maße ähnlich, wie Eva und Irmgard erzählen!«

Dagmar schaut ihre Tochter ratlos an.

»Ich hätte es genau wie sie gemacht«, beharrt Carola. »Wenn sie erschrocken geblickt hätte, weil Christoph aussieht wie der alte Grunemann, hätte sie sich nicht nur verraten, sondern zugleich blamiert. Und darauf hast du spekuliert.«

»Nun ist er ja weg. Sei so lieb, hol sie wieder her.«

Tatsächlich kehrt Carola mit Klawdija zurück. Die tut harmlos, als hätte sie sich tatsächlich nur eine kleine Ruhepause gegönnt. Dagmar überlegt: Entweder ist an Klawdija eine Schauspielerin verloren gegangen oder aber sie ist so arglos, wie sie tut.

Auf ihrer Suche nach dem Orthopäden und der Klinik hatte sich Dagmar schon darauf eingestellt, die Mutter zumindest für die Dauer der Behandlungen einige Monate in Deutschland zu haben. Sie hatte sie freilich nicht um ihr Einverständnis gebeten. Jetzt, da alle Arztbesuche abgeblasen sind, fragt sie sich, was aus Klawdija werden soll.

Mussten sie sie in diesem Zustand, der ja nur schlechter werden konnte, nicht bei sich behalten? Sie will die Mutter fragen, Rudolfs Rückendeckung hat Dagmar. Sie bittet die Dolmetscherin, es ist ihre Lehrerin von der Volkshochschule, die Frage zu übersetzen.

»Mama, ist es nicht besser, wenn du bei uns bleibst?«

Klawdija lehnte auch diesen Vorschlag kategorisch ab. »Ihr habt eure Arbeit, seid nie zu Hause. Eure Töchter sind mit ihren Familien ausgelastet. Was soll ich hier, allein in Deutschland, wo mich niemand versteht, wo ich den ganzen Tag allein bin? Soll ich vielleicht auf meine alten Tage noch zur Volkshochschule gehen und Deutsch lernen?«

Dagmar kann Klawdija nicht davon überzeugen überzusiedeln. Mit der besseren medizinischen Betreuung braucht sie der Mutter nicht zu kommen. Die vielen Stufen, die zu ihrem Haus hinaufführen, erweisen sich jetzt schon als fast unüberwindbare Hürde. In Belgorod kann Klawdija den Lift nach unten nehmen und sich zumindest auf das Bänkchen vor dem Haus setzen, wo sich die Nachbarinnen nachmittags auf ein Schwätzchen treffen.

»Du hast dein Leben und ich meins. So war es die längste Zeit und so soll es bleiben.«

☆☆☆

Die Mutter fährt und freut sich, kaum dass sie wieder in Belgorod ist, auf Dagmars Besuche. Auf das Wiedersehen am Bahnhof, die Festtafel zu Hause, die Geschenke. Wenn Dagmar kommt, ist es immer wie Weihnachten, nur dass der Tannenbaum fehlt. Dann gibt es teure Pralinen, Strümpfe und frisches Obst.

Obwohl Dagmars Besuche schon fast Routine sind, ist die Presse jedes Mal zur Stelle. Auf wundersame Weise wissen die Journalistinnen immer, wann Dagmar wieder in der Stadt ist. Klawdija Iwanowna von der Zwangsarbeiterstiftung informiert sie frühzeitig. Sie arrangiert für beide ein so enges Besuchsprogramm, dass sie fast einen Terminplan bräuchten. Rudolf wird um Auftritte im Konzertsaal gebeten, Dagmar soll Rede und Antwort in Diskussionsrunden mit Schülern und Studenten stehen. Interviews finden nur noch außerhalb der Wohnung statt, Klawdija strengen die vielen Fragen zu sehr an, zudem hat sie das Gefühl, dass mittlerweile alles gesagt ist.

An jedem Morgen, bevor Dagmar und Rudolf unternehmungslustig losziehen, frühstücken sie gemeinsam und irgendwie schaffen sie es, sich ohne Dolmetscherin zu verständigen. Wenn sie am Abend mit einer der Dolmetscherinnen nach Hause kommen, berichten sie fröhlich von ihren Erlebnissen. Klawdija erfährt alles ganz genau, dank der Übersetzung. Wenn aber weder Tamara noch Natascha Zeit finden und sie allein zu Klawdija zurückkehren, können die Abende lang werden, sodass sie den Fernseher einschalten, weil sich eine unangenehme Sprachlosigkeit breitmacht. Sie beobachten, wie sich die Mutter dann über Sketche im Fernsehen amüsieren kann, lachen höflichkeitshalber mit, auch wenn sie kein einziges Wort verstehen.

Mitunter ist Klawdija Dagmars Tatendrang nicht geheuer, mal staunt sie, was alles möglich ist. Der Stuhl, auf dem ihre Tochter sitzt, knarzt verdächtig. Wenn sie weiter mit ihm so wild vor und zurück schaukelt, geht er gleich aus dem Leim! Dagmar springt auf, dreht ihn herum und will schon Hammer und Nägel holen, da probiert sie reihum alle Stühle am Tisch aus. Jeder hätte eine Reparatur nötig. Doch sie findet, dass die ausgedienten Exemplare so viel Mühe nicht mehr lohnen. »Die wackeln alle! Wo gibt es Möbel zu kaufen?« Statt die Stühle, wie in Deutschland, auf den Sperrmüll zu werfen, stellt Wladimir alle sechs vor das Haus. Und schon als sie mit den neuen aus dem Geschäft zurückkommen, steht kein Einziger mehr da.

Dagmar gelingt, was Klawdijas Sohn Wowa in Jahrzehnten nicht schaffte: Sie besorgt der Mutter einen Telefonanschluss. Den Weg durch den Behördendschungel hätte sie sich ohne die Dolmetscherin allerdings nicht bahnen können.

Wenn Dagmar in die Stadt fährt, kommt sie manchmal mit Dingen zurück, die Klawdija ihr Leben lang nicht vermisst hat. Eine Badematte zum Beispiel. Ihre Tochter kauft Putzmittel und Messer, Weintrauben oder Bananen. Und immer lässt sie Geld da. Sie steckt es Klawdija immer dann zu, wenn Wladimir außer Reichweite ist. Das hat sie begriffen: Sobald er weiß, dass Klawdija Geld hat, hält er die Hand auf. Er gibt erst Ruhe, wenn es für Zigaretten und Wodka reicht, deshalb versteckt es Klawdija und verrät nichts. Dagmar staunt stets, mit wie wenig die Mutter auskommt. Sie nimmt alles unter die Lupe. Sie will ihrer Mutter helfen, soweit sie dazu im Stande ist, aber Klawdija geht es auch ohne neue Stühle gut.

Die Einkaufstouren lässt sie über sich ergehen, zumal sie nie mitfährt. Doch am liebsten würde sie sie ganz verhindern, denn in Klawdijas Vorstellung muss eine Mutter ihrer Tochter helfen und nicht umgekehrt.

Nur wenn ihre Alla sie nach ihren Krankheiten ausfragt, schaltet Klawdija auf stur. Sie will keine Arznei, erst recht keine Operationen und keinerlei Diskussion darüber. Thema beendet.

Zur Routine gehört auch, dass Alla, kurz bevor sie wieder abfährt, anfängt, sie mit bohrenden Fragen zu traktieren. Dann wird sie ihr fremd und sie wünscht sich, dass Alla still ist.

Warum kann ihre Tochter nicht endlich Ruhe geben? Wofür muss sie wissen, wer ihr Vater ist? Er ist ohnehin tot, egal wie er hieß.

Was müssen die Dolmetscherinnen denken? Alla scheint das nicht zu kümmern. Sie will, dass sie alles übersetzen, auch wenn es nun wirklich nicht für fremde Ohren bestimmt ist. Sogar, wenn sie mit Klawdija streitet, sind die Übersetzerinnen dabei. Sie hören, wie sich Alla aufregt, dass Klawdija ihr angeblich Lügenmärchen auftischt.

Klawdija ist machtlos. So wie sie sich nie gegen ihren Sohn wehrt, der grob zu ihr ist und jede Stelle nach kürzester Zeit verliert, weil er entweder unpünktlich oder betrunken erscheint, der hauptsächlich von ihrer Rente lebt und sich dessen nicht schämt, so wenig wie sie Wladimir Grenzen setzt, so wenig kommt sie gegen Alla an. Klawdija spürt jedes Mal genau, wann es wieder so weit ist, wenn sich ihre im Grunde gutherzige Tochter in ein wütendes Weiblein verwandelt und wohl am liebsten rufen würde: »Ich will, ich will, ich will aber, dass sie mir sagt, wer mein Vater ist.«

Sie hatte Webers Enkelsohn in Jeßnitz manchmal Märchen vorgelesen. Eins hieß Rumpelstilzchen, ein Name, bei dem sie sich die Zunge brach. Der kleine Wolfgang hat ihr das schwere Wort wieder und wieder ganz langsam und Silbe für Silbe vorgesprochen: Rumpel-stilz-chen. Genau so wie der wütende Zwerg, der, solange niemand seinen wahren Namen herausfindet, »der Königin ihr Kind behält« und sich das jeden Tag neu tobend und stampfend schwört, so dringend und unbedingt will Dagmar die Geschichte ihres Vater erfahren.

Soll sie sich doch freuen, dass sie die Mutter gefunden hat! Klawdija hat die Deutschen weit weniger temperamentvoll in Erinnerung. Alla ist eben doch ein russisches Kind.

Dagmar ist zum aus der Haut fahren zumute. Sie ist mit ihrem Latein am Ende! Sie muss ihre Gedanken sortieren und für einen Moment allein sein. Das geht nur im Badezimmer. Stein und Bein behauptet die Mutter, dass Iwan ihr Vater ist, woher er kommt, weiß sie nicht. Ob sie ihn geliebt hat? Aber sicher! Natürlich. Wer sagt seiner Tochter auch gern, dass sie kein Kind der Liebe ist. Dagmar nimmt ihr nichts davon ab. Ratlos starrt sie in den Spiegel. Sie greift nach der Bürste der Mutter und hält inne, der Gedanke ist plötzlich da: ein Gentest! »Ich nehme ein paar Haare mit!« Schließlich gibt es doch Christoph Grunemann. Den Sohn des Lazarettarztes davon zu überzeugen, dürfte nicht allzu schwer werden. War er es nicht sogar, der als Erster diese Möglichkeit erwähnt hat? Seine Andeutungen damals konnte man nur so interpretieren. Sie ist nicht darauf eingegangen, wollte erst darüber nachdenken, bevor sie sich ihm gegenüber festlegte. Er dagegen hatte die Sache offenbar schon genauer durchgespielt und sich erkundigt. Sie würden keine hundertprozentige Gewissheit bekommen, da er nur der Sohn, nicht aber der Vater war. Manchmal sagt ein Gentest bei Halbgeschwistern rein gar nichts über mögliche verwandtschaftliche Beziehungen aus. Wenn sie wenigstens gleichen Geschlechts wären! Damit wären die genetischen Übereinstimmungen von vornherein größer. Das Ergebnis, so hat er ihr erklärt, wäre bei dieser Konstellation – Mutter, Tochter und eventuell Halbbruder – nicht gerichtlich verwertbar, dazu müssten neunundneunzig Komma neun Prozent der Merkmale identisch sein. Für die Kategorie »höchst wahrscheinlich gleiche Eltern« benötigen sie eine fünfundneunzigprozentige Deckungsgleichheit. Sie aber kommen bestenfalls auf eine »sehr wahrscheinliche« Übereinstimmung, auf neunzig Prozent gleicher Merkmale. Dennoch: Sie wüssten mehr als zuvor. Der Test könnte Dagmar einen Teil ihrer Ungewissheit nehmen …

Dagmar zieht einige Haare aus der Bürste und wickelt sie in ihr Taschentuch. Säuberlich faltet sie es zu einem kleinen Paket zusammen. Sie fühlt sich wie ein böses Teufelchen: »Wenn sie mir die Wahrheit nicht freiwillig sagt, hole ich sie mir.« Sie pudert sich das Gesicht, schminkt sich sorgfältig die Lippen, denn sie möchte einen Grund liefern für ihr langes Wegbleiben. Als sie das kleine Bad verlassen will, fällt ihr Blick auf das abgenutzte Waschbrett über der Waschmaschine. Lange hatte sich Klawdija gegen die Maschine gewehrt, weil sie den Neid der Nachbarinnen fürchtete und Angst hatte, mit dem Gerät nicht zurechtzukommen. Inzwischen weiß sie seine Vorzüge zu schätzen. Ur-

Tochter und Mutter im Belgoroder Kriegsmuseum Diarama

plötzlich kommen Dagmar die Tränen. Sie lässt sich auf den Wannenrand nieder und stützt das Kinn in die Hände. Wie konnte sie nur: Diese arme Frau, deren Leben bis ins hohe Alter nur Mühsal war, einfach zu hintergehen? Sie, ihre Tochter? Warum fällt es ihr nur so schwer, Klawdijas Version vom Vater als die gültige zu akzeptieren? Warum treibt sie ihre Mutter regelmäßig in die Enge, so dass die am Ende stets verstummt? Und wenn es eine andere Wahrheit gibt: Warum kann Dagmar nicht hinnehmen, dass die Mutter gewichtige Gründe für ihr Schweigen hat? Auch wenn sie sie nicht ausspricht? Weil Dagmar immer bekommen hat, was sie haben wollte? Sie versteht sich selbst nicht.

Dagmar nimmt das Tuch und schüttelt es über dem Toilettenbecken aus. Nein! Schließlich liebt sie ihre

Mutter. Ein heimlicher Test wäre nicht nur ein Vertrauensbruch, sondern eine Gemeinheit. Dagmar schämt sich, dass sie vor wenigen Augenblicken solcher Gedanken fähig war. Aber andererseits … Die Wahrheit ist zum Greifen nahe, sie hat ihre Mutter gefunden, lebend, was viel mehr ist, als sie je zu hoffen wagte, da liegt es doch nahe, dass sie nun die andere Hälfte der Wahrheit kennen will. Oder etwa nicht?

Als Dagmar das Wohnzimmer betritt, bemerkt Rudolf sofort, dass etwas geschehen ist. Er weiß, dass er vor den anderen nicht fragen kann, holt es später nach.

Wie immer versteht er ihre Bedenken, aber er teilt sie nicht. »Du hast ein Recht auf diese Information und wenn du sie nur so bekommen kannst …«

Wieder in Deutschland trifft sie erneut Christoph Grunemann, den Sohn des Lazarettarztes. Christoph reagiert wie erwartet. Sein Vater galt als Schürzenjäger, der kurz nach dem Krieg Frau und Kinder im Stich gelassen und mit seiner Sprechstundengehilfin aus der Sowjetischen Besatzungszone in den Westen Deutschlands getürmt war. Eine Verletzung, die Christoph offenbar noch immer nicht verwunden hat. Seit dem Verrat an der Familie traute er seinem Vater anscheinend alles zu. Christoph will wissen, ob seine Verdächtigungen stimmen. Er vermag seine Neugier kaum zu zügeln, ihn scheint die Aussicht auf eine mögliche Enthüllung beinahe zu elektrisieren. Ein Nachweis für einen Seitensprung seines Vaters, schwarz auf weiß und in Gestalt von Dagmar leibhaftig – dieser Gedanke reizt ihn augenscheinlich mehr, als er zugeben mag. Dagmar soll sich entscheiden, er ist zu einem Gentest bereit.

»Der Brief kommt doch gar nicht mehr an!« Rudolf begreift nicht, was Dagmar vor hat. Statt die Koffer zu packen, ist sie mit Schreiben beschäftigt. Sie erklärt ihm: »Ich schicke ihn auch nicht ab, sondern nehme ihn mit und werde ihn Mama zeigen, wenn ich mit ihr ganz allein bin.«

Klawdijas fünfundachtzigsten Geburtstag hält Dagmar für die letzte Chance. »Wenn die Feier vorbei ist, wird sie reden.« Für Dagmar scheint das ausgemachte Sache zu sein.

Sie hatten Belgorod einmal im Sommer und sonst während mehrerer Winter erlebt, die verglichen mit diesem nur ein müder Abklatsch waren. Dieses Mal geht es von Moskau aus mit einer Yak 42 weiter. Dagmar fehlt für die lange Zugfahrt die Geduld, der Flug kommt ihr gerade recht. Bis sie in einer Maschine Platz nehmen, die wohl schon im Zweiten Weltkrieg im Einsatz war. Vielleicht hatte man ja damals noch keine Heizungen oder diese hatte längst ihren Geist aufgegeben, jedenfalls herrschen in der Kabine die gleichen Temperaturen wie draußen. Minus vierzig Grad. In der Luft würde es noch mal kälter werden. Die Passagiere wickeln sich fester in ihre Mäntel, die Stewardess lässt sich, nachdem sie – ebenfalls in Mantel und Fellkappe – Bonbons verteilt hat, nicht mehr blicken. Dagmar kommt mehrmals während des Fluges der Gedanke, dass ihre Mutter sie womöglich überleben könnte. Nicht etwa weil das Flugzeug vielleicht aus Altersschwäche abstürzt – es könnte in der Tat von der Piste direkt ins Museum rollen, wo es besser aufgehoben wäre –, sondern weil sie schlicht erfrieren werden. In ihrer Phantasie sieht sie die auf ihren Sitzen erstarrten Gestalten, von Raureif überzogen oder noch besser, in glitzernde Eisblöcke eingeschlossen. Mit dem Start erstirbt jede Unterhaltung, selbst der Kapitän verkneift sich muntere Sprüche über Flugroute und Wetter. Nach einer Stunde bringt er den Flieger auf einer zentimeterdick vereisten, spiegelglatten Landebahn zum Stehen. Salute für den Piloten! Doch anders als auf manchen Charterflügen ist niemandem nach Klatschen zumute. Sie können sich kaum noch rühren.

Bei achtunddreißig Grad unter null, die das Thermometer anzeigt, haben sie volles Verständnis, dass die Mutter nicht am Flughafen wartet, das Empfangskomitee ist auch ohne sie stattlich genug. Raissa, Wowa, Dima, Marina – alle sind gekommen.

Die Mutter erwartet sie an der Wohnungstür, schwer auf die Klinke gestützt und vor Freude strahlend.

Tamara, die Dolmetscherin von der Hochschule,

hat sich zur Verstärkung wieder ihre Lieblingskollegin Natascha mitgebracht. Doch den Brief hat sich Dagmar noch in Deutschland übersetzen lassen. Keiner soll dabei sein, wenn Dagmar ihn der Mutter zu lesen gibt. Wie eine gefährliche Fracht fühlt er sich in ihrem Gepäck an. Sie verstaut ihn im Schlafzimmer, das wie immer für sie hergerichtet ist, weit hinten unter ihrer Wäsche.

Dagmar verkündet das Programm der nächsten Tage: Einkaufen für den Geburtstag, dieses Mal kocht sie – typisch deutsche Küche. Niemand erhebt Einspruch, der Geburtstag ist erst übermorgen, sie haben alle Zeit der Welt. Jetzt wird erst einmal auf das Wiedersehen angestoßen: Herzlich Willkommen!

Wladimirs Auto ist kaputt, immer noch. Das Einkaufen bei vierzig Grad minus gestaltet sich schwierig. Auf den schneeverwehten Straßen fährt kaum ein Auto. Riesige Menschentrauben drücken sich in und um die Wartehäuschen in der Hoffnung, dass irgendwann ein Bus naht, der nicht einfach vorbeifährt, weil er schon überfüllt ist. Wer es nicht allzu weit hat, macht sich zu Fuß auf den Weg. Raissa, die so alt ist wie Dagmar und sich nie den Komfort eines eigenen Autos leisten konnte, schreitet kraftvoll aus, arbeitet sich samt der Einkaufstaschen zügig durch den hohen Schnee, doch sie muss wieder und wieder stehen bleiben und warten. Rudolf und Dagmar sind nicht geschaffen für diese Härten.

Dagmar ist klatschnass vor Anstrengung. Ein eisiger Sturm pfeift durch ihre Strickmütze. Am liebsten würde sie den Einkauf auf der Stelle in den Schnee fallen lassen und davonlaufen, denn sie hat die Nase voll von dieser Plackerei. Ihre Lust am Abenteuerurlaub im russischcn Alltag hat der arktische Wind weggeblasen.

An Klawdijas Geburtstag scheint sich die Sonne ganz besonders ins Zeug zu legen. In der vierzig Grad kalten Frostluft hüpfen und tanzen die Eiskristalle, als würde sie jemand aus einem großen Sack schütteln und über ganz Belgorod verteilen. Auch die Schneedecke glitzert und funkelt, die sonst graue Stadt erstrahlt in einer Helligkeit, die blendet.

Klawdija nimmt nichts davon wahr. Geburtstag? Pah! Viel zu viele hat sie schon gehabt! Ein rascher Blick auf die Sträuße, mehr aus Anstand denn Interesse, ein gemurmelter Dank. Wie hätte sie sich früher darüber gefreut: Blumen im Januar! Die Kuscheldecke von Dagmar. Pralinen- und Keksschachteln – nichts kann sie wirklich freuen. Am liebsten würde sie in die Küche verschwinden, um dem Rummel mit Gratulationen und Geschenken zu entfliehen. Aber nicht einmal das Frühstück darf sie machen. So viel Aufhebens um ihre Person mag sie nicht. Selbst ihr Sohn beteiligt sich daran, lässt sich dieses Mal nicht lumpen, hat sogar ein Geschenk für sie, das erste seit etlichen Jahren.

Klawdija friert, sie fühlt sich miserabel. Ihre Kniegelenke schmerzen. Sie reibt sich die Beine. Überflüssigerweise wird sie dabei von Dagmar erwischt:

»Deine Beine sind ja ganz blau! Wieso trägst du keine Strümpfe? Zeig mal her!« Dagmar betastet ihre Knie: »Eiskalt! Kein Wunder, dass die Gelenke steif werden. Sich warm zu halten, ist doch das Mindeste. Wie kannst du nur so unvernünftig sein?« Die ganze Litanei.

Dagmar hat Recht, dennoch will Klawdija nichts als ihre Ruhe. Wie ein Kind hält sie still, als ihr Dagmar Strümpfe und Kniewärmer anzieht. Dagmar schimpft weiter: »Bei diesem Wetter ist es hier nicht richtig warm. Da musst du dich besser anziehen. Versprichst du das?« Ja, ja. Die Kniewärmer sehen lächerlich aus, doch sie behält sie an, Wladimir zuliebe, der sein Geschenk mit mäßigem Enthusiasmus anpreist: »Sie sind aus echter kaukasischer Hundewolle gestrickt, etwas Wärmeres und Gesünderes gibt es nicht.«. Etwas Armseligeres auch nicht, das Garn ist naturbelassen, deshalb ungefärbt, auf Klawdijas blau gefrorenen Knien wirken die Kniewärmer wie hochgerutschte orthopädische Stützstrümpfe.

Als Raissa kommt, trifft sie Klawdija allein in der Wohnung an. Wladimir und Dima holen Getränke, Dagmar und Rudolf machen ebenfalls Besorgungen, welche, weiß Klawdija nicht. Raissa wundert sich, schließlich hatten sie den Einkauf gestern erledigt. Dachte sie jedenfalls. Die Schwester hält sich nicht lange mit den

Glückwünschen auf. Sie stellt drei Nelken in eine Vase, legt das Konfekt auf den Geburtstagstisch und erkundigt sich nach den Vorbereitungen für das Festessen. So viele Gäste werden erwartet und noch kein Salat ist fertig, kein Huhn abgezogen, nicht mal ein Ei gekocht? Sie fragt Klawdija: »Willst du nicht endlich anfangen?«

»Dagmar hat mir verboten, in die Küche zu gehen, sie will das Fest ausrichten.«

»Und wann möchte Madame beginnen?«

Dagmar heißt bei den beiden Schwestern oft Madame, was Klawdija und Raissa weder ironisch oder gar gehässig meinen. Jede Frau aus dem Westen wurde von ihrer Generation, die so wenig mit Ausländern zu tun haben durfte, Madame genannt.

Wenn Klawdija ihrer Tochter und deren Mann morgens das Frühstück vorsetzt, spricht sie Dagmar mit »Sie« an. »Wollen Sie Kaffee oder Tee?« Dagmar ist schon des Öfteren drauf und dran gewesen, sie zu korrigieren. Ohne sagen zu können, was sie daran hindert, scheut sie sich davor. Warum spricht ihre leibliche Mutter sie auf Deutsch mit »Sie« an? Weil sie die deutsche Sprache so schlecht beherrscht, dass sie den Unterschied in der Anrede zwischen »Du« und »Sie« nicht kennt? Weil sie es von den Webers, ihrer Herrschaft in Jeßnitz, so gewohnt war? Oder, und vor der Antwort auf diese Frage hatte Dagmar die allergrößte Angst, weil sie die Nähe zu ihrer leiblichen Tochter nicht fühlt und sie ihr in den alltäglichen Situationen doch vorkommt wie eine Fremde? Alles kann zutreffen oder nichts von alledem, denn in russischen Familien spricht man sich durchaus mit »Sie« an, allerdings die Kinder oder Schwiegerkinder ihre Eltern oder Schwiegereltern. Marina zum Beispiel sagt »Sie« und »Klawdija Matwejewna«. Nicht, um ihre Distanz zur Schwiegermutter auszudrücken, sondern vielmehr aus Respekt. Die größte Ehrerweisung ist nicht die Anrede mit Namen und Familiennamen, sondern mit Vornamen und Vatersnamen. In Klawdijas Fall würde nur ein Ausländer sie mit Frau Bulawina ansprechen. Für ihre Landsleute ist sie Klawdija Matwejewna, der Nachname wird nur im Pass erwähnt.

Dennoch gibt alles keinen rechten Sinn, Dagmar ist das Kind. Ein Kind wird von seiner Mutter geduzt und auf Russisch tut es Klawdija immerhin.

Klawdija mag sich von Raissas Unruhe nicht anstecken lassen. »Wenn sie mir verbietet, die Küche auch nur zu betreten, bleibt mir nichts weiter übrig, als mich daran zu halten. Sonst schimpft sie wieder.« Raissa ist soviel Ruhe nicht geheuer, sie holt aus ihrer Handtasche eine Plastiktüte und wickelt die mitgebrachten zwei roten Beten, eine Möhre und Zwiebeln aus. Dann zieht sie ihr Rezeptheftchen heraus und fängt an zu blättern.

»Welchen soll ich machen? Den Appetitnaja oder den Delikatessnaja? Was meinst du? Hier ist noch einer mit Fisch, Fisch haben wir gestern gekauft, der geht ganz schnell.«

Klawdija ist egal, welchen Salat Raissa zubereitet. Alle schmecken köstlich, die Unterschiede sind nicht groß. Kartoffeln, gekochte Möhren, Äpfel, Zwiebeln, rote Beete, Gurken und hart gekochte Eier – alles fein auf Erbsengröße geschnippelt, sind die Zutaten für jeden Salat. Avocado, Fisch oder gekochtes Huhn können wahlweise dazugegeben werden, alles verschwindet unter einer dicken Schicht Mayonnaise. Klawdija schaut Raissa beim Schnippeln zu, nimmt sich aus alter Gewohnheit eine Kartoffel, doch statt sie zu schälen, schnitzt sie nur gedankenverloren daran herum.

Dagmar und Rudolf kommen mit großen Taschen und vom Frost roten Gesichtern vom Einkauf zurück. Sie haben ein Stahltopfset erstanden, denn mit den alten Kesseln und Pfannen, in denen die Emaillierung abgeplatzt oder die Beschichtung rissig ist, mag Dagmar nicht kochen. Dass die Mutter doch in der Küche sitzt, scheint sie nicht zu bemerken, viel zu stolz ist sie auf die neuesten Errungenschaften.

Am liebsten würde sie die ganze Küche neu einrichten, vor allem aber gründlich abseifen. Raissa drängt sie, sich endlich den Vorbereitungen zuzuwenden. Sie ist unruhiger als alle zusammen, was sollen denn die Gäste denken? Sie müssen jeden Augenblick kommen und nichts ist fertig. Erst als Dagmar Erbsen in den Topf schüttet, Kartoffeln aufsetzt und Zwiebeln anbrät, findet Raissa ihre alte Gelassenheit wieder. Doch davon, dass das ein Festessen wird, ist sie nicht überzeugt. Mehr Salate müssen her und nur gut, dass schon zwei Torten auf dem Balkon stehen. Sie dürfen nicht vergessen, sie rechtzeitig hereinzuholen, sonst werden sie zu Eiskonfekt. Da läuten auch schon die ersten Gäste. Viel zu früh! Klawdija Iwanowna von der Belgoroder Zwangsarbeitervereinigung, die immer noch fünftausend Mitglieder hat, die Nachbarin, die damals mit dem Zeitungsausschnitt in der Hand vor ihrer Tür stand. »Sind Sie nicht Klawdija Steblewa, haben Sie vielleicht eine Tochter in Deutschland?« Seitdem sind über sechs Jahre vergangen.

Hereinspaziert! Wladimirs Frau erscheint zur Feier, was Klawdija sehr freut. Sie mag Marina immer noch gern, sie ist fleißig und zielstrebig, ganz anders als ihr Sohn. Sie versteht nur zu gut, dass sich Marina von Wladimir getrennt hat. Klawdija kann ihr deswegen nicht böse sein. Dabei hätte sie Grund dazu. Was jedoch nichts mit der Trennung, sondern vielmehr mit Geld zu tun hat. Marina hält es nämlich offenbar für eine Selbstverständlichkeit, dass Klawdija Marinas Sohn Dima durchfüttert. Dima ist erwachsen, könnte wenigstens Hilfsarbeiten annehmen. Marina verdient gutes Geld auf ihrer neuen Stelle. Alle bedienen sich an Klawdijas mickriger Rente. Doch Klawdija verkneift sich jede Bemerkung. Wie sie all die Jahre hingenommen hat, an Marinas Stelle Dima zu erziehen. Wenn Klawdija etwas sagt, fangen Wladimir und Marina an zu streiten, was weder Klawdija noch Dima ertragen. Da kommt sie lieber mit weniger aus.

Marina erfasst die Lage in der Küche mit einem Blick, enthäutet das gekochte Huhn, das Klawdija heimlich aufgesetzt hat. Was soll das für eine Tafel werden ohne Geflügelsalat? Dann schneidet sie das Schweinefilet in Streifen und reicht es Dagmar, die es in der neuen Pfanne anbrät. Für Marinas Geschmack mit viel zu wenig Öl, aber bei Fett, das weiß sie inzwischen, geizen die Deutschen.

Die geduldigen Gäste merken, dass dies eine etwas andere Feier ist. Der Tisch ist zwar gedeckt, aber noch fehlen die Speisen. Sie unterhalten sich mit Klawdija und warten geduldig, bis endlich aufgetragen wird. Am Ende biegt sich der Tisch, wie es sich gehört. Das deutsche Essen verschwindet unter den Salaten, mancher Gast wundert sich, was Erbsen und Kartoffeln auf der Festtafel sollen, doch niemand stört sich daran. Sie trinken auf die Mutter, die heute nur vom Sterben reden kann und trauriger als je zuvor wirkt. Klawdija stößt wie immer mit Saft an, Wodka verträgt sie seit Jahrzehnten schon nicht mehr. Doch sie wird so müde, dass sie die Tafel still und heimlich für ein Mittagschläfchen verlässt, wovon nur Raissa Notiz nimmt. Sie hütet sich, darauf hinzuweisen, dann wäre es mit Klawdijas Ruhe vorbei. Dagmar ist ohnehin in ihrem Element, munter unterhält sie die Runde. Unter den Gästen sind wie bei jeder Feier, wenn Dagmar kommt, auch Leute von der örtlichen Presse. Die beiden Journalistinnen gehören fast schon zur Familie, selbst Klawdija, für die Medien eine ferne Welt darstellen, hat gegen ihr Kommen nichts mehr einzuwenden. Schließlich berichten die beiden auch von den Zwangsarbeitertreffen, die immer noch stattfinden, die Klawdija wegen ihrer kranken Beine allerdings nicht mehr besucht. Sie erzählen ihr, wer alles gekommen ist, worüber sie gesprochen haben. So bleibt Klawdija auf dem Laufenden. Bei diesen Begegnungen tritt Rudolf mit seinen Liedern auf, die Interviews danach gehören Dagmar. Klawdija stört es nicht, wenngleich sie nicht versteht, warum Dagmar nach all den Jahren immer noch einwilligt in die Befragungen. Weil sie zu gern ihre Geschichte erzählt? Das ging Klawdija anfangs genauso. Sie ist zwar keine Plaudertasche, aber wenn sie einmal anfängt, kann auch sie Ausdauer an den Tag legen.

Nach Stunden merken die Gäste, dass Klawdija fehlt. Die Gesellschaft will sie nicht wecken, verabschiedet sich leise und bedankt sich bei Dagmar, Rudolf und Raissa für das schöne Fest.

Die Mutter wirkt nach dem Geburtstag bedrückt. Sie ist erschöpft, deshalb wartet Dagmar mit dem Brief. Stattdessen versucht sie es mit den Fotoalben, die ihr Ute mitgegeben hatte: Bilder von der Jeßnitzer Villa in jenen Tagen, Dr. Claus Weber und seine Frau Martha, die Töchter Irmgard und Eva mit der kleinen Ute. Eine Fotografie zeigt Eva in einem geblümten Kleid, auf das Klawdija energisch pocht. Sie lacht ein bisschen verschämt und erzählt Natascha: »Es war ihr Lieblingskleid und ich habe es beim Bügeln verdorben. Eva hat

Erinnerungen an ferne Tage: Eva in ihrem Lieblingskleid

es nicht tragisch genommen, aber Martha, ihre Mutter, hat schrecklich mit mir geschimpft. Oi, oi, oi – ich hätte im Boden versinken mögen.« So unbeschwert, wie die Mutter jedes Foto mit einer kleinen Erinnerung kommentiert, hat Dagmar sie noch nie erlebt. Sie plaudert mit der Dolmetscherin, lacht, schmunzelt.

Ihr sonst stets ernstes, fast finsteres Gesicht strahlt dann, in die grauen müden Augen kommt Leben und sie leuchten, als hätte jemand eine Lampe angeknipst. Dagmar merkt, wie die Übersetzungen stören, die fröhliche Stimmung der Mutter fortjagen, mit jedem Satz ein Stückchen mehr. Wie gern würde sie ohne fremde Hilfe mit der Mutter reden können! Genauso vertraut und lebhaft wie die Mutter Natascha, der Wissenschaftlerin von der Belgoroder Universität, ihre Anekdoten erzählt, hätte sie sie gern gehört, nicht nur die reduzierten Zusammenfassungen. Dagmar wünscht sich an die Stelle der Übersetzerinnen, die nicht nur hören, was die Mutter sagt, sondern auch, wie sie sich ausdrückt. Ihr, der eigenen Tochter, bleiben diese Informationen vorenthalten. Dabei wären sie so wichtig, um die Mutter besser zu verstehen, sie wirklich kennen zu lernen. Dagmar hat keine Vorstellung von der Sprache ihrer Mutter. Witzig, ironisch, weise, bildreich? Verwendet sie vielleicht viele Sprichwörter oder Sätze aus Gebeten, spricht sie barsch oder weich? Dagmar hat keine Ahnung. In ihr kocht ein Gemisch aus Selbstmitleid und Trauer hoch, das ihr schließlich die Tränen in die Augen treibt. Als sie auch noch schluchzt, ist die Stimmung dahin. Alle Aufmerksamkeit richtet sich augenblicklich auf Dagmar und die Mutter sieht aus wie eine ertappte Sünderin, die ihre Tochter aus der fröhlichen Runde ausgeschlossen hat.

»Sie ist erst sechzig. Und selbst sie kann keine Sprache mehr lernen«, sagt Klawdija schuldbewusst zur

Klawdija mit ihrer Tochter Alla und ihrem Sohn Wladimir

Übersetzerin, »wie soll ich es dann können? Ich würde ihr so gern meine Seele öffnen …«

Mehr zu sich selbst denn in Richtung Natascha fügt sie die mahnenden Worte hinzu: »Es ist gut, was Gott uns gab. Es muss uns freuen.«

Der Frost hält Belgorod fest umklammert. In dem schlampig zusammengefügten Plattenbau zieht es durch alle Ritzen. Wladimir, der nie friert, stört das nicht. Dagmar will ihn hochscheuchen. Ihr geht es auf die Nerven, dass er seit Tagen schon mit seinen Zigaretten vor dem Fernseher hockt und sich für nichts zuständig fühlt. »Los, wir kleben jetzt die Fenster ab.«

»Das lohnt nicht mehr, schließlich haben wir schon Ende Januar.«

Dagmar lässt sich nicht darauf ein, zieht die Gardinen zu Seite, holt Klebeband, Schere und einen Schemel. Weil Wladimir sich nicht rührt, erledigt sie die Arbeit allein. »Und wehe, du qualmst jetzt noch einmal hier im Wohnzimmer. Solange ihr die Fenster nicht öffnen könnt, gehst du in die Küche oder ins Treppenhaus.« Vor so viel Energie kapituliert der zehn Jahre jüngere Halbbruder und trollt sich. Dima zieht mit ihm ab.

Wahrscheinlich fürchtet er, als nächster ins Visier zu geraten. Seit zwei Tagen hat niemand mehr die Wohnung verlassen, die Spannungen nehmen zu. Die Mutter war seit Wochen nicht an der frischen Luft. Dagmar würde sie am liebsten zumindest für einen Moment auf den Balkon führen. Aber bei vierzig Grad minus? Klawdija könnte das glatt als Mordanschlag verstehen.

Auch wenn ihr jeder Handgriff schwer fällt, macht sich Klawdija wie gewohnt in der Küche schaffen. Weder ihr Sohn noch ihr Enkel kommt auf den Gedanken, ihr zur Hand zu gehen, zu sehr sind die beiden daran gewöhnt, dass Klawdija sie bedient. Bei jedem Schritt stützt sie sich schwerfällig an der Spüle oder an dem kleinen Tisch ab, der davon schon ganz wacklig auf den Beinen ist.

Dagmar nimmt der Mutter das Geschirr aus den Händen und gibt ihr zu verstehen, dass sie sich setzen soll. Dann legt sie ihr den Brief auf den Tisch.

Klawdija beginnt, umständlich ihre Brille zu suchen. Die ist fast dreißig Jahre alt, leistet ihr kaum noch Hilfe, doch eine neue kann sie sich nicht leisten. Sie merkt, dass etwas im Busch ist.

»Was ist das, wer hat das geschrieben?«, fragt die Mutter. Diese einfachen russischen Sätze kennt Dagmar aus dem Volkshochschulkurs. »Lies«, sagt sie, ebenfalls auf Russisch.

Die Mutter beginnt. Zuvor bekreuzigt sie sich.

»Liebe Mama,
es ist wunderbar, Dich gefunden zu haben. Sicher ist es Dir nicht leicht gefallen, Deine Familie davon in Kenntnis zu setzen. Aber ich bin von Euch allen großartig aufgenommen worden und fühle, dass ich jetzt auch zu Deiner Familie gehöre.«

Warum schreibt sie mir das?, denkt Klawdija. Das hat sie mir schon so oft erzählt. Sie liest weiter.

»Endlich zu erfahren, wer meine Mutter ist, war für mich, als würde ich nach einer langen Krankheit langsam wieder gesund werden.

Seit meiner frühen Jugend wusste ich, dass meine Eltern nicht meine wahren Eltern sind. Und dennoch haben mich meine Adoptiveltern in dem Glauben gelassen, ihr leibliches Kind zu sein. Viel zu spät, erst, als es nicht mehr anders ging, haben sie mir die Wahrheit gesagt, dass sie nicht meine wirklichen Eltern sind. Wie lange musste ich weitersuchen, um Dich zu finden. Das war ein langer Weg und ein großes Glück. Aber ein Kind hat nicht nur eine Mutter, sondern auch einen Vater.«

Aha, sagt sich Klawdija. Daher weht der Wind. Zu früh gefreut. Sie fängt also auch dieses Mal wieder damit an.

»Ich verstehe nicht, warum Du mir nicht sagst, wer mein Vater ist. Und auch meine Töchter, Deine Enkelkinder, verstehen es nicht. Sie haben nun erfahren, wer ihre Großmutter ist, was für sie eine große und schöne Überraschung war. Aber auch sie wollen die zweite Hälfte der Wahrheit erfahren: Wer war ihr Großvater? Wir lieben Dich. Und zugleich sind wir traurig, ich und meine Töchter ebenso.

Weil Du es mir bislang nicht sagen wolltest, wer mein Vater ist, habe ich andere Menschen danach gefragt. Menschen, die Dich gekannt haben und Menschen, die die Geschichte unserer Familie zumindest zu einem Teil kennen.

Die Familie in Jeßnitz, Ute, ihre große Verwandtschaft und andere Bewohner des Ortes geben mir alle die gleiche Antwort. Es sei eindeutig Dr. Grunemann, der Arzt aus Deiner damaligen Kriegseinheit, der Dich nach Deutschland zu der Familie Werner in Jeßnitz gebracht hat. Auch die Söhne von Dr. Grunemann, Christoph und Helmut, haben mir das bestätigt.«

Wie konnte sie nur?! Sie soll sich unterstehen! Wildfremde Leute da reinziehen. Den Dreck aus der eigenen Hütte nach draußen bringen, damit ihn jeder sieht!

Klawdija ist außer sich. Sie presst die fast zahnlosen Kiefer fest aufeinander. Der Brief ist noch nicht zu Ende. Bevor sie nach der zweiten Seite langt, bekreuzigt sie sich ein weiteres Mal.

»Ich habe viele Gespräche mit ihnen geführt. Der Sohn Christoph hat mir dabei viel über seinen Vater erzählt, z.B. dass er sich nach dem Krieg von seiner Familie getrennt hat und 1976 gestorben ist.

Versteh bitte: Ich möchte wissen, woher ich komme, von wem ich abstamme. Das ist mein Recht und ein ganz natürlicher Wunsch. Ich würde auch gern verstehen, warum es Dir so schwer fällt, darüber mit mir zu sprechen. Du bist meine Mutter, Du weißt, wer mein Vater ist.

Bitte antworte mir: Ist Dr. Rudolf Grunemann mein Vater?

Deine Dich immer liebende Tochter
Alla-Dagmar«

Dagmar wartet gespannt. Sie hofft, dass ihr Plan aufgeht, die Mutter jetzt ja oder nein sagt. Dafür braucht sie keine Übersetzerin, deshalb hat sie Natascha gebeten, im Wohnzimmer zu warten, bis sie gerufen wird. Sie sollte nicht dabei sein, damit die Mutter nicht aus Scham vor einer fremden Person von der Wahrheit abgehalten wird. Dagmar hat die Situation immer wieder gedanklich durchgespielt. Sie hat in Erwägung gezogen, ein winziges Diktiergerät mitlaufen zu lassen, das das Gespräch aufzeichnet. Was sie nicht sofort versteht, könnte ihr eine Dolmetscherin hinterher übersetzen, das hätte sogar bis zu ihrer Rückkehr nach Hause Zeit. So würde kein Quäntchen der für sie so wertvollen Informationen verloren gehen.

Nachdem sie zu Ende gelesen hat, lässt die Mutter die Blätter auf den Boden segeln. Ein Weinkrampf schüttelt sie. Mit dem Ärmel wischt sie sich über die Nase, zieht ihr Taschentuch hervor und schluchzt. Dagmar geht um den kleinen Tisch. Sie weint ebenfalls. Sie hat Angst, die Mutter zu umarmen, doch als sie merkt, dass Klawdija sie nicht abwehrt, streichelt sie ihr über das Haar. »Mama, nicht weinen.«

Klawdija kommt zur Ruhe und Dagmar setzt sich auf ihren Platz zurück. Sie hat Angst, dass ihr etwas von ihrer Antwort entgeht.

»Wer das geschrieben?«, fragt Klawdija ihre Tochter in einem ungewohnt scharfen Ton. »Ich«, antwortet Dagmar wie ein Schulkind. Sie ist völlig irritiert. »Du kein Russisch schreiben, wer geschrieben?«, herrscht Klawdija sie nun noch wütender an. Dagmar schaut verdutzt, weil sie die Mutter noch nie in Sätzen Deutsch sprechen gehört hat. Dann besinnt sie sich: »Mama, das ist nicht wichtig.«

»Das ist alles eine große Quatsch!«, schnauzt die Mutter sie plötzlich an.

»Deine Vater: Iwan! Iwan, Iwan.« Bei jedem Iwan haut sie mit der flachen Hand auf den Tisch.

»Nix Grunemann! Grunemann – Quatsch!«

Es ist Klawdija, die jetzt die Dolmetscherin hereinbittet. Sie will Dagmar die Leviten lesen: »Du gehst nach Jeßnitz und horchst die Leute aus, wer wen mit wem gesehen hat? Was sollen die denn von mir denken? Von uns? Was kannst du dabei erfahren? Selbst wenn ich mit jemandem auf der Straße gesehen wurde, muss das doch noch lange nicht dein Vater sein. Was hast du dir nur dabei gedacht?«

Dagmar kommen vor Schreck die Tränen. Sie fühlt sich gemaßregelt wie ein kleines Kind. Die Mutter erzieht ihre Tochter, nur dass die kein kleines Mädchen mehr ist und die Tadel viel zu spät kommen. Dass der Ton der Mutter immer versöhnlicher wird, nimmt sie kaum wahr, dabei hat Klawdija Dagmar längst wieder vergeben. »Du siehst ihm ähnlich. Das gleiche Profil. Auf dem Foto, als du zwanzig warst – wie er! Auch wenn du jetzt eher nach mir kommst – damals musst du ausgesehen haben wie er. Da er älter war als ich, müsste er jetzt neunzig sein. Aber welcher Russe wird schon so alt? Er lebt bestimmt nicht mehr.«

Über ihren vermeintlichen Vater weiß Dagmar alles: Dass die Mutter sich nicht an seinen Nachnamen erinnern kann, sie nicht sagen konnte, woher er kam, wohin er nach seiner Rückkehr in die Sowjetunion gegangen ist. Als Dagmar merkt, dass die Mutter einlenkt, stellt sie ihr anstandshalber eine Frage: »Kennst du denn seinen Geburtstag?« Das Gespräch wird zur Farce. Die Mutter weiß, dass Dagmar ihr nicht glaubt und Dagmar will die Mutter mit weiteren Zweifeln nicht verletzen, also tut sie so, als ginge sie auf deren Version ein. Doch die Mutter spielt nicht mit: »Ich will mich nicht an ihn erinnern. Ich habe ihn nicht geliebt. Er mich auch nicht. Er wollte keine Tbc-kranke Frau mit einem möglicherweise genauso kranken Kind.« Wieder schlägt sie mit der Hand auf den Tisch. Dann lehnt sie sich an den Kühlschrank und schließt für einen Moment die Augen.

»Ich habe doch nicht geahnt, dass ich schwanger bin. Es konnte gar nicht sein, wegen dieser schlimmen Blutung. Monatelang nichts und dann das. Ich dachte, die Gefahr sei vorüber. Sonst hätte ich doch …«

Dagmar hofft inständig, dass sie den Satz nicht zu Ende spricht. Sie will nicht hören, dass es sie gar nicht geben sollte. Da fährt sich die Mutter erneut mit dem Schürzenzipfel übers Gesicht und schluchzt. »Warum du nicht glauben? Ich nix lügen.« Dagmar nimmt sie noch einmal in den Arm, streichelt ihre Schulter und versichert ihr: »Ich glaube dir. Ich glaube dir ja. Ich werde dich nicht mehr fragen. Nie mehr.«

Als Wladimir und Dima in die Wohnung zurückkehren, ist die Mutter in ihrem Kämmerchen und Dagmar verzieht sich ins Schlafzimmer, denn so möchte sie von den beiden nicht gesehen werden. Rudolf muss nichts fragen. »Sie bleibt also dabei.«

Dagmar hat ein schlechtes Gewissen. Sie weiß selbst

nicht genau, weshalb. Weil es tatsächlich unredlich war, hinter dem Rücken der Mutter Nachforschungen anzustellen? »Das tut man nicht, was sollen denn die Leute denken?«, ist ein Satz, den Klawdijas Generation nicht belächelt, sondern der für sie nach wie vor Gültigkeit besitzt.

Wer, wenn nicht die Mutter wird ihr je sagen können, auf welche Weise sie entstanden ist? Aus Liebe, als ungewolltes Ergebnis einer kurzen Affäre oder doch einer Vergewaltigung? Wie konnte sie annehmen, dass die Mutter zu diesen Auskünften bereit war?

Warum nur zieht sie Grunemann immer wieder in Erwägung? Steckt der Wunsch als Vater des Gedankens dahinter? Will sie sich mit ihm eine weitere Familie erobern? Nein. Das war es nicht. Ute zwingen, ihre Distanz aufzugeben? Vielleicht. Wenn diese Familie fürchten sollte, dass sie einen Teil des Erbes beansprucht, kann sie sie beruhigen. Darum geht es Dagmar ganz und gar nicht. Geld hat sie noch nie interessiert. Davon abgesehen kann sie keinerlei Anspruch darauf geltend machen, denn die Adoption ist unumkehrbar. Und vor dem Gesetz hat jeder schließlich nur eine Mutter und einen Vater. Um Grunemann unzweifelhaft als Vater nachzuweisen, würde es der Exhumierung seines Leichnams bedürfen. Um Himmels willen!!

Findet sie etwa an der Vorstellung Gefallen, Tochter eines Arztes zu sein? Ist ein Arzt vielleicht vorzeigbarer als ein Zwangsarbeiter? Als ihr die Adoptivmutter vor der Hochzeit erzählte, dass Dagmars leibliche Eltern Arbeiter waren, schwang ein unüberhörbar herablassender Ton mit. Natürlich, ihr Mann stellte als Ingenieur etwas dar. Was galt da schon ein Arbeiter?

Und dann fragt sich Dagmar, was es bedeutet, einen Nazi-Arzt zum Vater zu haben, an dessen Händen womöglich Blut nicht nur vom Operieren im Feldlazarett klebt? Nein, unter den gegebenen Umständen ist Dagmar eindeutig lieber ein Kind russischer Eltern.

Dagmar hat so viele Jahre nach ihren Wurzeln gesucht. Am Ende fand sie kein Grab, sondern ihre Mutter – quicklebendig. Sie hat sie nach ihrem Vater fragen können und eine Antwort bekommen. Ein Erfolg auf der ganzen Linie.

Vorausgesetzt, sie akzeptierte die Darstellung der Mutter als die Wahrheit, wäre die Suche an diesem Punkt zu Ende. Ist es das, was Dagmar fürchtet? Was wird sie dann als Nächstes interessieren, womit wird sie sich in Zukunft beschäftigen, was soll sie künftig in Atem halten? Ihre Töchter sind erwachsen, brauchen ihre Hilfe höchstens zur Betreuung der Enkel.

Dagmar hatte sich ganz und gar der Suche nach ihren Eltern verschrieben, sie ist zur Lebensaufgabe angewachsen, was den Zeitaufwand betrifft allemal. Sie berichtet davon vor Publikum, tritt in Schulen, Kirchen, Bibliotheken und in Altenwohnheimen auf, gibt immer wieder Interviews, wenn sie darum gebeten wird. Ist die Furcht der Mutter nicht allzu berechtigt, dass jede noch so private Äußerung von Dagmar verwertet wird? Scheut sich Klawdija deshalb, Details aus ihrem Intimleben preiszugeben, weil die ihrer Meinung nach niemanden zu interessieren haben? Der Vater konnte doch nur ein Mann sein, mit dem die Mutter nicht verheiratet war. Das schickte sich auch in der Sowjetunion nicht, galt als leichtlebiges und flatterhaftes Verhalten, für das sich eine Frau zu schämen hatte, über das sie keinesfalls sprach. Damals so wenig wie heute.

Doch in diesem Punkt kann Dagmar sie beruhigen. Den Vater spricht sie in der Öffentlichkeit nie an, schon gar nicht in den Altersheimen. Wie oft muss sie vor ihren Auftritten versichern, dass sie den Krieg ausspart!

Was tun? Mit Christoph Grunemann reden? Dagmar erinnert sich mit Grausen an ihren Versuch, Mutters Haare aus der Bürste zu ziehen. Klawdija in das Vorhaben einzubeziehen, ist ausgeschlossen. Sie hintergehen möchte Dagmar nicht.

Weshalb erwägt sie überhaupt, einer im Labor gewonnen Auskunft mehr Glauben zu schenken als den Worten ihrer Mutter? Weil Gerüchte im Raume schwirren? Hat die Mutter nicht recht: Selbst wenn sie mit Grunemann gesehen worden ist, was sagt das schon aus? Es kann alles bedeuten und nichts. Und dieser Jeßnitzer Tratsch, an den sich unbeteiligte Dritte Jahrzehnte später erinnern, besäße mehr Glaubwürdigkeit als die Versicherungen ihrer Mutter?

Durch die dünnen Wände hört Klawdija die beiden diskutieren, versteht jedoch nur einzelne Worte. Sie will ihre Ruhe, kann das Thema nicht mehr hören. Fünfundachtzig ist sie nun, Gott hat ihr offenbar eine unverwüstliche Konstitution geschenkt. Wer so viel wie sie durchlitten hat und dennoch so alt wird, würde ohne all die Not wohl leicht hundert werden. Klawdija kann gut darauf verzichten. Sie will weder hundert noch gesund werden. Ihre Knie, ihr Herz, der Kreislauf – weg mit den Medikamenten! Sie möchte sterben, endlich sterben. Ihr Leben hinter sich lassen, das ihr nichts als Leid und Schmerzen bereitet hat. Das ihr schon einmal einen Mann und ein Kind nahm.

All das, woran Alla jetzt beständig rührt, hat sie schon einmal erlebt, damals im russisch-finnischen Krieg. Zwischen der großen Hungersnot und dem Vaterländischen Krieg. Sie hatten heimlich geheiratet. Klawdija erinnert sich an den Weg vom Standesamt zur Brücke. Hand in Hand waren sie gegangen. Mehr getanzt als gelaufen. Bis zur Mitte hat er sie gebracht, dort haben sie sich verabschiedet. »Gib mir zwei Stunden Zeit. Dann können wir feiern«, hatte Klawdija gebeten. Sie trennten sich und liefen in verschiedene Richtungen davon. Er ging ins Wohnheim, sie nach Hause.

Bei den Eltern fiel sie mit der Tür ins Haus. »Ihr könnt mir gratulieren! Ich hab einen Mann.« Ihr Vater verpasste ihr eine kräftige Ohrfeige. »Doch nicht so, wie du meinst, ich bin verheiratet«, maulte Klawdija, die auf eine solche Reaktion nicht gefasst war. Dann holte die Mutter aus. Was war in ihre Eltern gefahren? Ihr Vater hat sie früher nie geschlagen, nur einmal mit dem Knüppel, weil sie sich weigerte, mit ihm nach Hause zu gehen. Vor dem ganzen Dorf hatte ihm Klawdija eine freche Antwort gegeben, da setzte es Senge. Eine große Ausnahme. Ihre Familie war, was Prügel betraf, anders als andere. Bei ihnen wurde nicht erst geschlagen und dann gefragt, sondern meist lief es in umgekehrter Reihenfolge.

»Ihr könnt es sowieso nicht mehr rückgängig machen, die Ehe ist schon registriert.«

»Wovon wollt ihr leben, wer ist es überhaupt?«

Ihr Vater war im Grunde ein gutmütiger Mann, der unter der Fuchtel seiner Frau stand, weil er sie ständig betrog. Er ließ regelmäßig ihre Gewitter über sich ergehen, wartete, bis sich die düsteren Wolken verzogen hatten, dann kehrte sein heiteres Gemüt zurück und er war wieder die Fröhlichkeit selbst. Klawdija wünschte, sie hätte etwas von ihm. Die Mutter war bienenfleißig, eine sorgsame Hausfrau, die ihr Heim so sauber hielt, dass sie im Dorf die »Deutsche« genannt wurde. Was Unsinn war, »Ukrainerin« hätte eher gepasst, schließlich hatte sie lange als Dienstmädchen in Charkow gearbeitet. Und wie sie kochen konnte! Ihre Blini mit Sauerrahm – ein Gedicht. Klawdija vermag sie bis heute nicht so köstlich zuzubereiten.

Aber die Mutter konnte sich keinen Augenblick am Leben freuen. Klawdija ähnelt ihr leider sehr.

Sie erzählte ihren Eltern, wen sie geheiratet hatte: Michail Steblew aus Nowy Oskol, der hier in Belgorod seine Ausbildung im Diesellok-Werk gerade beendet hatte. Die Eltern gaben sich versöhnlicher, denn Lokführer in ihren prächtigen Uniformen, fast so schick wie die der Armee, standen hoch im Kurs. Sie galten als Institution, für die Partei zumal als die Personifizierung des technischen Fortschritts schlechthin. Kein Film ohne eine vorwärts in die lichte Zukunft schnaubende Lok, den roten Stern als Galionsfigur voneweg, im Führerhaus ein strahlend kämpferisches, leicht rußverschmiertes Lokführergesicht, eingerahmt von schwarzen Locken, die der Fahrtwind zerzaust.

Klawdija wurde vergeben, der Bräutigam konnte kommen, nun wurde gefeiert.

Als ihre Mutter doch noch zu fragen wagte, warum die Hochzeit heimlich sein musste, schnitt ihr der Vater das Wort ab: »Sei keine Spielverderberin, lass gut sein.« Der Hof wurde gefegt, Tische und Stühle nach draußen gestellt und die Nachbarn zusammengerufen. Da stand Klawdijas frisch gebackener Ehemann auch schon in der Tür. Hoch lebe der Bräutigam, hoch lebe die Braut, Klawa Steblewa, nicht mehr Romenko. Die Gäste feuerten das junge Paar an, sich vor aller Augen zu küssen: »Gorka, gorka!« Bitter, bitter wird's in einer Ehe – der Spruch sollte sich bewahrheiten!

Klawdija hatte kaum die Möglichkeit, ihren Mann kennenzulernen. So schnell wie sie sich vermählt hatten, so schnell war er weg. Mischa hatte sich an die

220

russische Front gemeldet, um gegen die Finnen in die Schlacht zu ziehen, was er ihr per Postkarte mitteilte. Sie war bereits schwanger, sollte zu seinen Eltern nach Nowy Oskol, das fast einhundert Kilometer von Belgorod entfernt lag. Ein Befehl, wieder per Karte. Sie folgte, schuftete in der Wirtsstube der Schwiegereltern, bis sie mit ihrem dicken Bauch nicht mehr vorzeigbar war. Als das Kind zur Welt kam, wurde es zu Klawdijas Eltern verfrachtet, denn ihre Arbeitskraft wurde uneingeschränkt gebraucht. Als Hausmädchen und Kellnerin, zwischendurch auch als Krankenschwester, denn ihr Mann kehrte schwer am Brustkorb verwundet von der Front heim. Zwei Monate pflegte sie ihn, er starb in ihren Armen, was Klawdija das Abschiednehmen erleichterte, ihr aber ein für alle Mal die Kriegswitwenrente raubte. Nur wer im Feld fiel, verschaffte seiner Familie das Geld. Zu Hause sterben galt nicht. Klawdija hatte kaum ihren Mischa begraben, da riefen sie ihre Eltern nach Hause zu ihrem Sohn. Sein Vater hatte vergeblich gekämpft, gesund zu werden, um ihn zu sehen, nun lag der kleine Gennadi im Sterben. Als sie abends eintraf, fehlte dem Kind selbst zum Husten die Kraft, das hohe Fieber hatte es schwach und apathisch gemacht. Am Morgen war ihr Sohn tot. Klawdija hatte sein Sterben nicht bemerkt, obwohl sie ihm keinen Augenblick von der Seite gewichen war. Gennadi war nicht einmal ein Jahr alt geworden. Einen Monat nach ihrem Mann begrub Klawdija ihren Sohn und zog mit neunzehn wieder bei ihren Eltern ein.

Ein solches Jahr wollte sie nie wieder erleben, doch standen alle Zeichen auf Sturm, in Europa brach schon wieder Krieg aus. Was sollte sie mit einem solchen Leben? Das ihr so wenig Glück beschert hatte? Von Anfang an lief alles schief für sie.

Sascha, ihre erste große Liebe, hatte ihr ihre beste Freundin weggeschnappt, dieses Luder! Zu Silvester, sie lebten damals noch im Dorf, hatte sie ihn so betrunken gemacht, dass er mit ihr in den Heuschober zog. Nicht mal entschuldigt hatte er sich. Klawdija wartete bis mittags, als er nicht kam, wusste sie, dass sie ihn verloren hatte. Da halfen auch keine Schwüre am nächsten Abend. Die Silvesternacht mit der neuen Frau wog letztlich schwerer als ihre lange Freundschaft. Klawdija hätte ihn festhalten müssen, doch dazu war sie zu stolz. Sie wollte gebeten, er verführt werden.

Sascha, Michail, der Krieg, Anton, Iwan, den einen wie den anderen, hatte sie verloren. Die Tuberkulose hatte sie fast umgebracht. Bei Pjotr, ihrem zweiten Ehemann, der sie ungeachtet ihrer Armeleutekrankheit heiratete, war sie froh, als sie endlich seinen Sarg auf die Schemel stellen konnte, darüber ein weißes Tuch – der Abschied für immer.

Gut, ihr Sohn ist ein lieber Kerl, doch genau genommen ein Taugenichts und Tunichtgut. Aus Dima, seinem Sohn, wird auch nichts Besseres, wenn nicht bald ein Wunder geschieht.

Längst hat er angefangen zu rauchen, betrunken hat Klawdija ihren Enkel auch schon gesehen. Für die

Jugend gibt es keine Arbeit, für eine gute Ausbildung hat die Familie kein Geld. Jetzt hofft Klawdija auf die Armee, die noch keinem geschadet hat. Aber mit dieser Ansicht steht sie allein. Selbst Natascha von der Universität, mit der sie so gut reden kann, warnt sie: »Klawdija Matwejewna, schicken Sie ihn nicht zur Armee. Die versetzen ihn nach Tschetschenien oder sie bringen ihn gleich in der Kaserne um. Denken sie doch an die Dedowschina, die furchtbaren Schikanen unter den Rekruten!« Auch die Armee ist nicht mehr, was sie einmal war. Junge Soldaten werden von den Älteren so sehr geschunden, dass sie fliehen oder Selbstmord begehen, bloß nicht noch ein Unglück! Ihr Maß ist voll.

Dagmar, die sich seit einiger Zeit fragt, was die Mutter mit der Übersetzerin alles zu bereden hatte, erfährt Einzelheiten aus Klawdijas Leben, die sie zum ersten Mal hört. Sie ruft entrüstet: »Warum erzählt Mama mir das nicht? Ich bin doch schließlich ihre Tochter!«

Natascha schweigt betreten, weiß nicht, ob sie besser gar nichts mehr sagt, wenn Dagmar so aufgebracht reagiert. Da meldet sich Rudolf zu Wort und sagt ausnahmsweise einmal nichts zu Dagmars Verteidigung:

»So genau hast du es doch bislang gar nicht wissen wollen.«

»Aber ich habe sie schon unzählige Male gebeten, mir aus ihrem Leben zu erzählen!«

»Womit hätte sie beginnen sollen? Deine Mutter ist fünfundachtzig. Woher weiß sie, was dich interessiert?«

Beschwichtigend erklärt Natascha: »Deine Mutter sieht sich als eine einfache Frau, in deren Leben nichts Außergewöhnliches passiert ist, jedenfalls nichts, was eine besondere Erwähnung wert wäre. Zumal ihr das Wichtigste kennt.«

»Kreschenije, kommt, es ist Kreschenije!« Raissa strahlt, als sie aus ihrer Tasche eine große Plastikflasche voll Wasser holt. »Geweihtes Wasser!«, verkündet sie. Klawdija sitzt mit einem feierlichen Gesicht auf dem Küchenstuhl. Das Ritual beginnt. Raissa öffnet die abgenutzte Pfandflasche, deren Etikett verkündet, dass sie ursprünglich Kwass enthielt. Allein beim Gedanken an das Getränk, das aus vergorenem Brot zubereitet wird, schüttelt es Dagmar. Die Begeisterung, mit der es die Russen vor allem im Sommer trinken, kann sie nicht teilen, niemals würde sie sich dafür in die Schlange einreihen, die sich bildet, wenn der Kwasshändler bei Gluthitze mit einer Art Wasserwagen von Block zu Block zieht. Wenn der Kwass jetzt in Flaschen verkauft wird, dürfte das altmodische Kesselauto demnächst völlig von den Straßen verschwinden …

Raissa behält den Kwassdeckel in der Hand, schüttet vorsichtig ein Schlückchen aus der Flasche hinein und reicht ihn Klawdija. Dann füllt Raissa den Deckel für Dagmar und für Rudolf und am Ende für sich selbst.

Nach dem Trunk gießt sie sich vorsichtig etwas Wasser in die linke Hand und benetzt mit der Rechten alle reihum. Raissa geht mit dem geweihten Wasser sichtlich sparsam um, sie geizt geradezu damit. Mit bedeutungsvoller Geste platziert sie die verschlossene Flasche auf dem Fensterbrett. »Jeden Tag einen Schluck davon hält alle Krankheiten fern – ein ganzes Jahr.« So lange muss es reichen. Raissa ist für das geweihte Wasser den ganzen Tag unterwegs gewesen. Noch vor dem Morgengrauen hat sie sich in die Schlange vor der Heilquelle eingereiht, zu der die Gläubigen jedes Jahr im Januar pilgern. Zu manchen Quellen gehört ein See. Weil der um diese Zeit zugefroren ist, wird ein Loch in Form eines Kreuzes in die Eisfläche gehackt und die »Walrösser«, wie die unerschrockenen Eisbader in ganz Russland genannt werden, springen selbst bei strengstem Frost für einen kurzen Augenblick in das heilige Nass. In einer Art Wettbewerb werden dann lautstark die Sekunden gezählt, die ein »Walross« aushält. Wer zwanzig erreicht, wird bejubelt wie ein Held. Bei aller Frömmigkeit: So viel Mut bringt Raissa nicht auf. Dafür fehlt ihr jeder Ehrgeiz. Sie füllt mehrere Flaschen, eine für Klawdija, eine für ihre Freundin, eine für sich. Sie packt sie in Plastiktüten und steigt damit in den Bus, der sie zur Kirche bringt. Die Schlange davor ist mehrere hundert Meter lang. Raissa wartet, dass der Priester das Wasser und sie weiht, indem er einen Bastwisch in den Bottich taucht und über der Menge ausschüttelt. Die Tropfen fliegen weit.

Für Dagmar und Rudolf besitzen diese Traditionen eine Exotik, die ihnen einerseits interessant, zugleich aber auch recht fremd vorkommt. Dagmar beginnt, sich auf ihr Zuhause zu freuen.

Das Eis auf der Startpiste ist so dick wie vor zehn Tagen, im Flugzeug – es ist dasselbe museumsreife Modell – ist es ebenso kalt. Verglichen mit der langen Zugfahrt vergeht die eine Stunde von Belgorod nach Moskau, in der sie sich fühlen wie im Tiefkühlschrank, im doppelten Sinne im Flug. Sie sind heilfroh, der klirrenden Kälte so schnell entrinnen zu können.

Kurz vor Ostern scheint ein Traum wahr zu werden, eine Begegnung mit Michail Gorbatschow:

Dagmar teilt die allgemeine Sympathie der Deutschen für diesen Mann. Ohne ihn hätte sie ihre Mutter nie wiedergesehen, dessen ist sie sich sicher und deshalb mag sie die Vorbehalte, die sie vor allem von Russen hört, nicht an sich heranlassen. Seit Jahren sucht sie nach einer Möglichkeit, sich persönlich bei ihm zu bedanken. Nun scheint der Erfolg ganz nahe zu sein. Sie hat um ein Treffen gebeten und Monate später tatsächlich eine Einladung zu seinem 75. Geburtstag bekommen, den er in Deutschland feiert.

Sie fährt mit Rudolf nach Bremen zum Festkonzert. Beim offiziellen Mittagessen wird sie dem Begründer von Glasnost und Perestroika vorgestellt. Doch als sie vor ihm steht und ihm, wie ihr der Protokollchef zuvor erklärt hatte, die Hand schütteln soll, kann sie nur noch weinen. Da kommt Gorbatschow, den Dagmar ein ganzes Stück überragt, auf sie zu und nimmt sie tröstend in den Arm. Sie hört seine weichen russischen Worte und ist irritiert, als der Dolmetscher seine Frage wiederholt. »Der Herr Präsident möchte wissen, ob Ihre Mutter noch lebt.«

Dass sich dieser Mann, der Weltgeschichte geschrieben hat, für sie interessiert – was für ein historischer Augenblick! Mit Gorbatschow von Angesicht zu Angesicht gesprochen zu haben, von ihm in den Arm genommen und getröstet worden zu sein! Und damit nicht genug, er hat sich offensichtlich sogar mit ihrer Geschichte befasst. Sie ist nicht eine von vielen, er hat sie gemeint! Dagmar ist im siebten Himmel.

Der Mutter verschweigt sie das Treffen, auch als sie nach Wochen mit ihr am Telefon spricht. Anders als sonst schickt sie ihr weder Zeitungsartikel noch Fotos. Es ist ihr peinlich, davon zu berichten, wenngleich sie selbst nicht genau weiß, warum. Weil die Mutter wie die meisten in Russland auf Gorbatschow nicht gut zu sprechen ist? Dafür ist er schon viel zu lange nicht mehr Präsident und anders als andere hat die Mutter ihn nie als Verräter betrachtet, auf dessen Konto der Zerfall der Sowjetunion geht. Dagmar scheut sich wohl eher deshalb, weil sie weiß, dass die Mutter nicht im Mittelpunkt stehen mag. Ihr wäre der Rummel, den eine solche Begegnung unweigerlich mit sich bringt, höchst unangenehm. Nie wäre ihr in den Sinn gekommen, selbst um solch ein Treffen zu bitten! Klawdija war und ist eben viel zu bescheiden, denkt Dagmar.

Anders als nach ihren bisherigen Besuchen bleiben dieses Mal auch die Briefe aus, statt dessen mailen sich Natascha und Dagmar die Neuigkeiten. Klawdija war nie eine begeisterte Briefschreiberin, machte Fehler, die Dagmars Russischlehrerin so manches Schmunzeln entlockt hatten. Wie alle Bewohner an der ukrainischen Grenze verwandelt auch sie den Buchstaben G in ein Ch, aus O wird in dieser Region noch häufiger als ohnehin schon ein A. Und Klawdija schreibt, wie sie spricht.

Dagmar geht weiter einmal pro Woche zum Russischunterricht, doch sie hat immer noch große Schwierigkeiten, die komplizierte Sprache zu lernen. Wenn sie allein das Wort Domodjedowo nimmt! Der Name des Moskauer Flughafens enthält laut Schreibweise vier Os. Klar zu hören ist kein Einziges davon!

Ihre Anstrengungen werden kaum belohnt, ihre Fortschritte sind fast nicht messbar. Nach wie vor kann sie auf eine Übersetzerin nicht verzichten. Und sie sieht nicht mehr ein, dass nur sie sich derart schinden soll. Warum lernt ihr Bruder Wladimir nicht Deutsch, oder Marina? Oder wenigstens Dima, er ist schließlich der Jüngste. Stattdessen erwarten alle, dass sie Russisch spricht.

Als sich aber Anfang Mai Natascha am Telefon meldet, bereut Dagmar wie nie zuvor, mit der Mutter nicht selbst reden zu können. »Deine Mutter hatte einen Schlaganfall. Die linke Seite ist gelähmt, sie kann nur schlecht sprechen, aber sie versteht, was man ihr sagt.« Dagmar bittet, der Mutter den Hörer ans Ohr zu halten. Gern würde sie ihr wenigstens ein paar tröstende Worte auf Russisch sagen, doch so spricht sie nur Deutsch zu ihr. »Mama, was machst du denn? Werd schnell wieder gesund, versprichst du mir das?« Es klingt dumm und sinnlos, denkt Dagmar.

Wladimir wird mit der plötzlichen Aufgabe, seine Mutter zu pflegen, kaum fertig. Er fühlt sich völlig überfordert und schnell am Ende seiner Kräfte. Doch er bemüht sich, füttert und wäscht sie. Dem Sohn ist die Prozedur ebenso unangenehm wie der Mutter. Klawdija will schimpfen, doch statt Worten bringt sie seit dem Schlaganfall mitunter nur unverständliche Laute hervor. Sie weint vor Wut, Scham und Verzweiflung.

Wladimir will sie waschen, aber Klawdija ist das peinlich. Krampfhaft hält sie die Bettdecke fest. Wladimir klopft ihr sacht auf die Finger.

»Hände weg! Los, mach es mir nicht zusätzlich schwer.« Klawdija wirft den Kopf hin und her. »Nein, nein.« Sie lässt die Decke nicht los.

»Gib sie her, Mama. Und hilf gefälligst mit! Ich hab keine Lust, mich länger als nötig zu schinden.«

Klawdija fleht: »Sterben.«

Sie will es erzwingen, verweigert mehrmals das Essen, doch schließlich öffnet sie den Mund, als Wladimir sie füttert.

Die nächsten Informationen aus Belgorod sind gleichbleibend entmutigend, der Zustand der Mutter unverändert schlecht. Doch statt sich auf den Weg zu machen, überlegt Dagmar hin und her. Sie stellt sich vor, die Mutter zu pflegen. »Ich kann so etwas nicht!«, denkt sie und weiß, dass sie, solange Wladimir und Raissa da sind, noch nicht wirklich gefordert ist

Was ihr bei den Adoptiveltern erspart blieb, will ihr Wladimir jetzt abverlangen? Er tut es nicht. Bittet kein einziges Mal, doch sie fühlt, dass sie sich beteiligen müsste. Ihr wird bewusst, wie viel Glück sie damals hatte. Sowohl der Vater als auch ihre Mutter waren nach nur wenigen Tagen im Krankenhaus gestorben. Als wollten sie ihr selbst im Tod noch die perfekten Eltern sein. Keine lange Krankheit, keine Bettlägerigkeit, kein Altersheim. Nicht einen einzigen Tag fielen sie ihr zur Last. Dagmar erfüllt die Vorstellung, Klawdija waschen und füttern zu müssen, mit Befremden. Klawdija ist zwar ihre leibliche Mutter, doch eine körperliche Nähe zu ihr hat sich nicht entwickelt. In den allermeisten Fällen blieb es bei Umarmungen, was Dagmar völlig reichte. Ihr kommt in den Sinn, wie sich ihre Tochter Carola von ihrer Babuschka auf den Mund küssen ließ. Die beiden waren sich von Anfang an sehr nah. Dagmar beschleicht die Ahnung, dass ihre Mutter in Carola eher die verlorene Tochter sehen könnte als in ihr. Carola ist jung genug. Was konnte man erwarten, wenn eine Mutter ihre Tochter erst dann wiedersieht, wenn beide Großmütter sind?

Dagmar macht die lange Trennung verantwortlich für ihr Unvermögen, die Mutter nun zu pflegen. Als Klawdija Alla das letzte Mal im Arm hielt, war sie neun Monate alt. Beim nächsten Mal sechsundfünfzig Jahre.

Auch bei ihrer Adoptivmutter wäre ihr die Pflege schwer gefallen. Nachdem Sonja ihr hämisch ins Gesicht geschleudert hatte, dass Dagmars wahre Eltern Russen seien, hielt sie Distanz zu ihrer Mutter. Begrüßungs- und Gutenachtküsse, ihr Schmusen und Kuscheln aus den Bitterfelder Tagen verschwanden auf Nimmerwiedersehen.

Dagmar weiß, dass Töchter in die Situation kommen, eines Tages ihre Eltern pflegen zu müssen. Die wenigsten sind darauf vorbereitet. Allerdings: Wenn Wladimir das kann, sollte sie doch erst recht dazu in der Lage sein? Unmöglich und völlig ausgeschlossen! Nein! Dagmar ist keine Pflegerin, sie weiß, dass sie dafür weder geschaffen noch geeignet ist. Sie wird zu Hause bei ihrer Familie gebraucht, ihr Platz ist an Rudolfs Seite, sie muss ihm im Büro helfen, die Auftritte organisieren. Sie haben schließlich ihr eigenes Leben.

Soll Raissa das übernehmen, sie kennt ihre Schwester ohnehin viel besser. Vor ihr geniert sich Klawdija bestimmt nicht. Sich von Dagmar waschen und füttern zu lassen, wäre Klawdija gewiss genauso unangenehm wie die Hilfe ihres Sohnes, da ist sich Dagmar sicher. Und wenn sie zehnmal die Tochter ist.

Aber auf Raissa kann sie zunächst nicht bauen. Deren Sohn, der sie monatelang vom Krankenbett aus herumkommandiert hatte – »Bring Kefir mit! Warum hast du den Zucker vergessen? Wie soll ich ohne Zucker jetzt meinen Tee trinken?« – ist soeben gestorben. Raissa ist am Boden zerstört und sieht sich zum ersten Mal nicht in der Lage, eine Bitte umgehend zu erfüllen, heißt es in der E-Mail von Natascha: »Raissa ist völlig erschöpft. Fast ein Jahr ist sie jeden Tag im Krankenhaus gewesen. Hat für ihn gekocht und gebacken, ihm die Konfitüre für den Tee eingeweckt, die Medikamente gekauft, die ihm der Arzt verschrieb, die die Klinik aber nicht hergeben wollte. Jetzt will man ihr noch die Wohnung wegnehmen. Das ist zu viel für sie.«

Dagmar weiß, dass sie sich in den nächsten Zug nach Belgorod setzen müsste. Jetzt würde sie ihre Mutter noch lebend antreffen. Von Dagmars Anwesenheit bei der Beerdigung hätte Klawdija herzlich wenig. Trotzdem kann sich Dagmar nicht dazu durchringen. Nicht, weil sie das Fahrgeld nicht hätte. Nicht, weil ihr die Zeit dafür fehlte. Sie kann nicht, will nicht, weil nicht absehbar ist, wie lange sie bleiben müsste. Und würde sie fahren, hieße das, Wladimir die Verantwortung abzunehmen und sich selbst aufzubürden. Dazu ist sie nicht bereit. Wladimir verbringt sein Leben vor dem Fernseher. Soll er sich nützlich machen und um seine Mutter kümmern, die ihn all die Jahre durchgefüttert hat, nicht zuletzt auch mit Dagmars Geld. Hat er sich eigentlich je dafür bedankt?

Sie schickt Geld für eine Pflegerin. Das verschafft Wladimir und ihr eine Verschnaufpause. Doch sie ist empört, wie kurz diese Pause ausfällt. Nach zwei Wochen lässt sich die Pflegerin nicht mehr blicken, weil sie Klawdija zuvor in Doppelschichten, Tag und Nacht, betreut hat. Dabei sollte das Geld für vier Wochen reichen.

Zeitlebens hatten Dagmar und Rudolf mit einem Verdienst auskommen müssen. Eine 24-Stunden-Pflege alleine zu finanzieren, übersteigt ihre Verhältnisse.

Dagmar, die Himmel und Hölle in Bewegung setzen kann, wenn sie etwas will, besinnt sich auf ihre Stärke. Sie bittet ihre Russischlehrerin, ihr einen Brief an die Belgoroder Zeitung zu übersetzen. Wenn sie darin den Pflegenotstand beklagt, so ihre Hoffnung, wird sich jemand finden, der sie unterstützt.

In Russland, so erklärt ihr aber die Lehrerin, eine deutschstämmige Russin, ist nur die Familie für die Altenpflege zuständig. Heime existieren kaum und den wenigen vorhandenen eilt ein verheerender Ruf voraus. »Das bringt nichts, ich kann Ihnen nur abraten!«

Dann bleibt nur noch das Krankenhaus? »Wo denken Sie hin! Wenn Ihr Bruder oder wer auch immer den Rettungswagen anruft, fragen sie als Erstes, wie alt die Mutter ist. Mit über achtzig wird sie in keiner Klinik mehr aufgenommen. Manche lehnen schon Patienten ab fünfundsiebzig ab. Denn die Ärzte haben mit den Verwandten schlechte Erfahrungen gemacht. Liegen die Alten erst einmal im Krankenhaus, nehmen ihre Kinder sie nicht mehr zurück.«

Dagmar ahnt, wie viel ihr erspart geblieben ist, weil sie ihr Leben nicht in diesem Land verbringen musste. So überflüssig Rudolf und sie die hohen Beiträge für die Renten- und Pflegeversicherung oft empfunden haben, so sehr verstehen sie jetzt, wofür die Gesellschaft damit Vorsorge trifft. Sie mag sich gar nicht vorstellen, was es für die Rentner bedeutete, ihren Angehörigen zur Last zu fallen. Vernachlässigung, Verwahrlosung von Alten müssen die logischen Folgen sein. Sie malt sich aus, wie viele Verwandte wohl die alten Menschen hungern ließen oder schlugen, und sei es nur aus Hilflosigkeit und Überforderung.

Wladimir schafft es nicht, sein eigenes Leben zu meistern, wie soll er diese Last schultern? Dagmar weiß sich keinen Rat. Mit Geld kann sie nur begrenzt helfen, mit ihrer Arbeitskraft gar nicht. Denn selbst wenn sie zu ihrer Mutter führe, wäre das nur ein Tropfen auf den heißen Stein. Soll sie etwa mit Wladimir unter einem Dach die Mutter pflegen? Was für ein Gedanke. Dafür müsste sie erst einmal die Wohnung schrubben. Und da es für sie überhaupt nicht in Frage käme, sich für diese Zeit von Rudolf zu trennen, würden sie dann alle zusammen in der kleinen Wohnung hausen? Wovon sollen sie leben, wenn Rudolf nicht arbeitet? Und welche Rolle fiele Dagmar zu in diesem Männerhaushalt, in dem Wladimir und Dima früher keinen Finger rührten? Jetzt, da die Mutter nicht mehr kann, sind die beiden Männer erstmals für sich selbst und obendrein für Klawdija zuständig. Ehe sich Dagmar versähe, hätten sie sie zu ihrer Dienstmagd gemacht. Nein, vielen Dank!

Die Mutter nach Deutschland zu holen, kommt ebenso wenig in Frage. Dagmar kann sie schlecht in einem deutschsprachigen Heim unterbringen, wofür ihr abgesehen davon, dass niemand die nur Russisch sprechende Mutter verstehen würde, das Geld fehlt.

Monate vergehen, in denen Dagmar die Varianten abwägt und verwirft. Der Mutter hilft das nicht. Nie hatte Klawdija den Tod dringender als jetzt herbeigesehnt, doch das Schicksal tut ihr diesen Gefallen nicht. Es kettet sie an das Leben, dass sie so selten liebte.

Dagmar kann nicht mehr unbefangen von der Freude, die Mutter gefunden zu haben, erzählen, selbst wenn sie verschweigt, wie es Klawdija derzeit geht. Sie befürchtet, dass jemand aus dem Publikum auf die Idee kommt, sie zu fragen, wie sich ihre Mutter heute fühlt. Würde sie antworten: »Hervorragend. Trotz ihres harten Lebens ist sie mit einer derart stabilen Gesundheit gesegnet, dass sie wohl noch hundert wird.«? Was würden diese Menschen denken, wenn sie ihnen die Wahrheit erzählte, die zu ändern Dagmar nicht imstande ist? Als ob sie es nicht auch viel lieber sehen würde, dass ihre Mutter ihre letzten Jahre in Würde verbringt. Sie ist nicht schuld daran, dass es ihr nicht vergönnt ist. Alles, was ihr aus der Ferne möglich schien, war ihr einen Versuch wert. Dagmar hat Klawdija Iwanowna, die Vorsitzende der Zwangsarbeitervereinigung, gebeten, ihre Mutter wenigstens ab und an zu besuchen. Immerhin hat sie früher gern vorbeigeschaut. Wenn Dagmar in Belgorod war, haben sie stets gemeinsame Pläne geschmiedet. Dagmar war Klawdija Iwanowna dabei behilflich, noch einmal die Fabrik in Leipzig zu besuchen, in der sie als junges Mädchen schuften musste. Ob Klawdija Iwanowna noch immer bei der Mutter vorbeikommt? Aber vermutlich kennt die Vorsitzende viele Menschen wie Klawdija. Einer nach dem anderen wird jetzt krank, bettlägerig. Wer klug war, hat seine Zwangsarbeiterentschädigung, die vor einigen Jahren gezahlt wurde, gespart und finanziert sich davon jetzt eine Pflegerin. Doch die meisten Rentner waren so arm, dass sie sich von der Summe einfach ein wenig Luxus gönnten, auf den sie ein Leben lang hatten verzichten müssen.

Dagmars Mutter war fast leer ausgegangen. Für Zwangsarbeiterinnen, die nicht in einer Fabrik, sondern überwiegend in einem Privathaushalt tätig waren, gab es erst nach hartnäckigem Einspruch etwas

Geld. Die Zahlung von rund dreihundert Euro fiel noch geringer aus, als Klawdija erwartet hatte. Sie war enttäuscht und reagierte deshalb gleichgültig darauf, was mit diesem Geld geschah. Marina entschied, neue Gardinen und Tapeten zu kaufen. Sie hatte über die gesamte Summe verfügt, ohne ihre Schwiegermutter überhaupt zu fragen.

Alle scheinen sich jetzt zurückzuziehen. Altsein ist nicht attraktiv. Raissa sind die Kartoffeln auf der Datscha nun wichtiger als ihre Schwester. Alle zwei Tage kommt sie vorbei, doch die regelmäßige Pflege übernimmt sie nicht. Das Geld, das ihr Dagmar für die Pflege der Mutter schickt, muss Raissa vor Wladimir in Sicherheit bringen, damit er es nicht in Zigaretten und Wodka umsetzt.

Der Gedanke an die Mutter lässt Dagmar nicht los. Sie müsste bei ihr sein und findet doch immer neue Gründe, den Besuch hinauszuschieben. Später. Später. Bestimmt würde ihre bislang selbstständige und rüstige Mutter gar nicht wollen, dass Dagmar sie derart gebrechlich sieht. Und was sollte sie am Bett ihrer Mutter tun? Sie könnte ihre Hand halten, für eine Stunde oder zwei. Aber länger? Ohne Sprache? Immer über Dolmetscher?

Von ihrem Bett aus sieht die Mutter nichts als die Fenster des gegenüberliegenden Plattenbaus. Sie weiß, wo wann das Licht angeht, wer wann hinausschaut. Sie hört den Fernseher aus dem Wohnzimmer tönen, den Wladimir, gleichgültig, ob sie schläft oder nicht, auf voller Lautstärke laufen lässt.

Klawdija wird jeder Tag zur Last. Wenn sie die Müdigkeit übermannt, betet sie, dass sie nicht mehr aus dem Schlaf erwachen möge und ist am nächsten Morgen umso enttäuschter, wenn ihr Wunsch nicht in Erfüllung gegangen ist. Nicht lange und Wladimir tritt dann an ihr Bett, um sie zu waschen. Wenn Klawdija nicht schon weinend aus dem Schlaf erwacht ist, was immer häufiger geschieht, fließen die Tränen spätestens jetzt. Wladimir weiß nicht, weshalb sie weint. Weil es ihr Schmerzen bereitet, wenn er sie umbettet? Aus Hilflosigkeit? Scham? Sie antwortet so unbestimmt, dass er nicht schlau aus ihr wird. Er rückt ihr die Kissen für den Tag so zurecht, dass sie aus dem Fenster schauen kann. Erst dann wird sie ruhiger und erst dann kommt Dima mit dem Frühstück in ihr Kämmerchen. Kurz nach ihrem Schlaganfall haben sie Klawdijas Bett um einhundertachtzig Grad gedreht, sodass das Nachtschränkchen jetzt rechts daneben steht. Die Mutter ist linksseitig gelähmt, den rechten Arm kann sie inzwischen besser bewegen und damit wieder selbstständig essen und trinken.

Nach dem Frühstück ist Klawdija erschöpft. Sie lässt sich tief in die Kissen sinken und geht mit ihren Gedanken auf Wanderschaft. Sie wünscht sich Alla her, doch nur, um sie noch einmal zu sehen. Dass Alla sie an Wladimirs Stelle pflegt, möchte sie auf gar keinen

Fall. Das soll sie nicht tun. Wenn sie all die Jahre zusammen gewesen wären, wenn Klawdija sie hätte großziehen können, ihre kleinen und großen Sorgen gekannt hätte, ihre erste Liebe, die Hochzeit, ihr erstes Kind – ja dann.

Es sollte nicht sein.

Klawdija richtet sich in den Kissen auf, um einen Blick auf die Pappel vor ihrem Haus zu werfen. Der Baum ist kahl, das Nest in der Astgabel leer. Solange sie hier wohnt, so lange gibt es den Baum und das Nest. Nicht in jedem Jahr nistete ein Krähenpärchen darin, aber wenn, dann versäumte Klawdija an keinem Tag nachzusehen, was sich dort tat, wie ein schneller Blick ins Kinderzimmer.

Wie sehr hatte sie sich eine so sichere Heimstatt für Alla und sich gewünscht. Hoch oben und weit weg von den Menschen.

Dank an:

Mein größter Dank gebührt Friedrich Schmidt.

Dagmar Nabert, geb. Schmidt/Steblewa, hat ihre Geschichte mit Akribie und Geduld erzählt, unterstützt von ihrem Mann.

Klawdija Bulawina bemühte sich in ihren Erinnerungen während unserer tagelangen Gespräche bis weit an die Anfänge des vorigen Jahrhunderts zurück.

Meine Eltern, die jahrzehntelang in den Wolfener Betrieben gearbeitet haben, konnten mir dank ihrer Orts- und Betriebskenntnis wertvolle Hinweise geben und mich mit viel wissenswertem Material versorgen.

Des weiteren danke ich Ute Lehmann, Erika Stegmann, Klaudia Pape, Christel Becker-Rau, Ludmila Medwedjewa und Tatjana Sokolowa, Katja Demurowa, Marlies Müller, Kerstin Kohlenberg, Jürgen Henze, Pawel Poljan, dem Industrie- und Filmmuseum Wolfen, insbesondere Manfred Gill, der Stadtbibliothek Dessau, Gerd und Dorothee Bode, Prof. Martin Digweed vom Institut für Humangenetik der Berliner Charité, Elke Kläuser, Jens Hartmann, Bettina Hildebrand, Karin Schmitz-Remy, Katharina Raabe, Gudula Geuther, Sonja Franzke und Afra Margaretha für ihre klugen Auskünfte und für ihre kritische und stets ermutigende Begleitung.

Einige Namen der handelnden Personen wurden auf Wunsch ihrer Familie geändert. Ihnen und ihren Angehörigen sei ebenso für ihre Mithilfe gedankt.

Riverbend
Bagdad Burning
Ein Tagebuch
978 3 7017 0963 2

Spektakulär und berührend
Woman

Tatsächlich hat Riverbend all jenen Irakern, die im Krieg nichts zu sagen haben, eine Stimme verliehen … Vor allem hat sie ihren ganz persönlichen Weg gefunden, mit modernsten Mitteln ihren Widerstand auszudrücken.
Tagesanzeiger

Ich konnte, kaum hatte ich die Lektüre begonnen, das Buch nicht mehr aus den Händen legen – und zwar nicht nur wegen der Inhalte, sondern auch wegen der literarischen Qualitäten.
Deutschlandradio

autorinresidenz

Christine Haiden
Petra Rainer (Fotos)
Vielleicht bin ich ja ein
Wunder
Gespräche
mit 100-Jährigen
978 3 7017 3023 0

Sehr anrührende Gespräche und erstaunliche Erinnerungen.
Die Presse

Ein Stück oral history und ein Panorama des vergangen Jahrhunderts.
Der Standard

Der Leser darf nicht nur über die Warmherzigkeit und große Erfahrung der alten Menschen erfahren, es fällt für ihn auch die eine oder andere tatsächliche erprobte Lebensweisheit ab.
dpa

autorinresidenz

Erika Pluhar
PaarWeise
978 3 7017 1472 8

Die Besteller-Autorin nähert sich auf humorvolle Weise dem Mysterium Paar:
Das Paar als Denkmal, das Paar als Ruine, das Paar als Arena, das Paar als Sackgasse, das Paar als Abgrund, das Paar als Traum. Das Trotzdem-Paar, das Noch-Paar, das Wieder-Paar.
Das einmalige, das ewige, das unmögliche Paar.
Erika Pluhar erzählt, was Menschen auf der Suche nach dem anderen widerfährt.

autorinresidenz

Hannelore Valencak
Das Fenster zum Sommer
Roman
978 3 7017 1448 3

Eine Wiederentdeckung, die es lohnt – und die vielleicht dazu führen wird, dass man die Schriftstellerin Hannelore Valencak dereinst an die Seite ihrer Landsmännin Marlen Haushofers stellen wird, deren Erzählkunst der ihren durchaus ähnelt und deren Ruhm bekanntlich auch erst verkündet wurde, als er schon ein Nachruhm war.
　NZZ

Fesselnd erzählt Valencak von Ursulas zähem Ringen mit der Zeit, den verzweifelten Versuchen, ihr Schicksal zu beschleunigen und dem zermürbenden Warten auf die Stunde Null.
　Brigitte

In seiner philosophischen Folge ein überaus faszinierendes Buch, das es neu zu entdecken gilt. Zudem ist hier eine Autorin neu zu besichtigen, die es ganz und gar unprätentiös vermochte, Geschichten von Frauen zu erzählen, die vom Leben auf wechselvolle und nicht selten unorthodoxe Weise dazu aufgerufen sind, ihr Leben selbst in die Hand zu nehmen. [...] »Es gibt nur gute oder schlechte Bücher!« Die Romane der Hannelore Valencak jedenfalls zählen zu den guten.
　WDR

autor**in**residenz

Zdenka Becker
Die Töchter der Róza Bukovská
Roman
978 3 7017 1459 9

Die Geschichte einer slowakischen Familie als Paradigma eines Lebens in der Heimatlosigkeit.
Zdenka Becker ist zwischen den Ländern und in zwei Sprachen daheim. In einem fragenden, nicht eitel überformulierenden Ton erzählt sie vom Abhandenkommen alter Bindungen und der Suche nach einer neuen Identität.

Becker schreibt mit Liebe zu ihren Figuren, sie hat ein Gespür für Stoffe, und es gelingen ihr schöne, fast lakonische Sätze. Die Geschichten sind rundum gelungen, sie berühren und verblüffen.
Die Presse

autorinresidenz

Dietmar Grieser
Alle meine Frauen
Eine Porträtgalerie
978 3 7017 1446 9

In 28 zum Teil sehr persönlichen Porträts holt er sie vor den Vorhang: Frauen, die ihm in bestimmten Phasen seines Lebens viel bedeutet, ihn in besonderer Weise beeindruckt, vielleicht sogar geprägt, sich jedenfalls in seiner Erinnerung einen dauerhaft einen Platz gesichert haben. Frauen, denen er persönlich begegnet ist, die ihn auf seinen Wegen durchs Leben eine Zeit lang begleitet haben, stehen neben solchen, die ihn durch ihr Schicksal für sich eingenommen haben. Oder auch manchen, deren Bild er »nur« aus der Literatur, aus der Musik, aus Werken der bildenden Kunst oder von der Filmleinwand her kennt.

autorinresidenz